novas buscas
em educação

VOL. 38

CÓPIA NÃO AUTORIZADA É CRIME
ABDR
ASSOCIAÇÃO BRASILEIRA DE DIREITOS REPROGRÁFICOS
RESPEITE O DIREITO AUTORAL

Dados de Catalogação na Publicação (CIP) Internacional
(Câmara Brasileira do Livro, SP, Brasil)

Perrotti, Edmir.
Confinamento cultural, infância e leitura / Edmir Perrotti. — São Paulo : Summus, 1990. — (Novas buscas em educação ; v. 38)

Bibliografia.
ISBN 85-323-0071-5

1. Bibliotecas e usuários 2. Crianças — Livros e leitura 3. Cultura — Brasil 4. Hábito de leitura 5. Livros de leitura I. Título. II. Série.

CDD-306.40981
-028
-028.55
-028.9
90-1208 -306.4

Índices para catálogo sistemático:
1. Brasil : Confinamento cultural : Sociologia 306.40981
2. Crianças : Livros e leitura 028.55
3. Leitura : Hábito : Promoções 028.9
4. Leitura : Orientação : Biblioteconomia 028
5. Leitura na escola : Aspectos sociais 306.4

CONFINAMENTO CULTURAL, INFÂNCIA E LEITURA

Edmir Perrotti

CONFINAMENTO CULTURAL, INFÂNCIA E LEITURA

Capa de
Edith Derdyk

Direção de Coleção
Fanny Abramovich

SUMMUS EDITORIAL LTDA.
Rua Itapicuru, 613 – 7º andar
05006-000 – São Paulo, SP
Tel.: (11) 3872-3322
Fax: (11) 3872-7476
http://www.summus.com.br
e-mail: summus@summus.com.br

Impresso no Brasil

NOVAS BUSCAS EM EDUCAÇÃO

Esta coleção está preocupada fundamentalmente com um aluno vivo, inquieto e participante; com um professor que não tema suas próprias dúvidas; e com uma escola aberta, viva, posta no mundo e ciente de que estamos chegando ao século XXI.

Neste sentido, é preciso repensar o processo educacional. É preciso preparar a pessoa para a vida e não para o mero acúmulo de informações.

A postura acadêmica do professor não está garantindo maior mobilidade à agilidade do aluno (tenha ele a idade que tiver). Assim, é preciso trabalhar o aluno como uma pessoa inteira, com sua afetividade, suas percepções, sua expressão, seus sentidos, sua crítica, sua criatividade...

Algo deve ser feito para que o aluno possa ampliar seus referenciais do mundo e trabalhar, simultaneamente, com todas as linguagens (escrita, sonora, dramática, cinematográfica, corporal etc.).

A derrubada dos muros da escola poderá integrar a educação ao espaço vivificante do mundo e ajudará o aluno a construir sua própria visão do universo.

É fundamental que se questione mais sobre educação. Para isto, deve-se estar mais aberto, mais inquieto, mais vivo, mais poroso, mais ligado, refletindo sobre o nosso cotidiano pedagógico e se perguntando sobre o seu futuro.

É necessário nos instrumentarmos com os processos vividos pelos outros educadores como contraponto aos nossos, tomarmos contato com experiências mais antigas mas que permanecem inquietantes, pesquisarmos o que vem se propondo em termos de educação (dentro e fora da escola) no Brasil e no mundo.

A coleção *Novas Buscas em Educação* pretende ajudar a repensar velhos problemas ou novas dúvidas, que coloquem num outro prisma preocupações irresolvidas de todos aqueles envolvidos em educação: pais, educadores, estudantes, comunicadores, psicólogos, fonoaudiólogos, assistentes sociais e, sobretudo, professores... Pretende servir a todos aqueles que saibam que o único compromisso do educador é com a dinâmica e que uma postura estática é a garantia do não-crescimento daquele a quem se propõe educar.

Para Andrea e Tatiana
(As histórias, minhas filhas, guardam sonhos, segredos e protegem. Estão nos livros e nas memórias. Não deixem de ouvi-las sempre que puderem.)

Para Denise
Para meus pais

Os seres humanos precisam de um lugar no mundo que
dê significado às opiniões e a realidade dos atos.
(Hannah Arendt)

ÍNDICE

Apesar das alterações para publicação em livro,
este trabalho mantém a estrutura original da pesquisa
de doutoramento que apresentei à
Escola de Comunicações e Artes da Universidade
de São Paulo, em dezembro de 1989. Por isso,
não posso deixar de mencionar aqui a Prof.ª Dr.ª
Jerusa Pires Ferreira, orientadora a quem devo
agradecer o apoio e a leitura exigente dos originais
da tese. Além disso, devo também um agradecimento
especial aos demais integrantes da banca,
Prof.as Dr.as Olga Molina, Sylvia Leser de Mello,
Maria Thereza Fraga Rocco e Elza Dias Pacheco.
Suas observações e receptividade à tese
foram um convite estimulante para a continuação
dos percursos trilhados.

INTRODUÇÃO

A DESCOBERTA DA LEITURA[1]

I

Está em curso no país um processo de mobilização crescente no sentido de promover entre crianças e jovens o que se convencionou chamar de "hábito de leitura". Embora com um retardamento considerável, se tomarmos como ponto de referência países desenvolvidos do hemisfério norte, ainda assim parece que alguns setores de nossa sociedade estão descobrindo a leitura enquanto comportamento a ser difundido e praticado cotidianamente por toda a população brasileira. Em várias partes, proliferam iniciativas que pretendem fazer frente ao que acabou sendo nomeado de *crise da leitura*, e que talvez outra coisa não seja senão a dificuldade de assimilar novos públicos ao circuito do impresso. Campanhas de distribuição de livros, congressos, seminários internacionais, regionais ou locais, publicações especializadas, feiras de livros, cursos de formação, criação de entidades, associações, enfim, um conjunto de ações em constante crescimento, com o objetivo de aproximar crianças e jovens do livro e da leitura, foi e está sendo posto em prática, a partir sobretudo de fins dos anos 60 e início dos 70.

Evidentemente, tal fato não significa que a preocupação com a leitura da faixa infanto-juvenil seja exclusividade dos tempos

---

1. "Leitura" é termo entendido aqui como ato que pressupõe, mas ultrapassa, a alfabetização, tornando-se recurso de comunicação voluntário e independente, sobretudo das pressões escolares. O termo refere-se ao comportamento cultural praticado nas sociedades letradas. Além disso, refere-se a uma modalidade de leitura — a leitura do escrito.

atuais. Em sua vertente didática, ela já se manifestara logo após a Independência, quando autoridades do Império se dão conta da necessidade de produzir materiais de leitura escolar para crianças. Anos mais tarde, especialmente após o advento da República, a preocupação avança além dos limites da escola, ganhando conotações mais amplas. Assim, no entre-séculos, começam a ser publicadas as primeiras adaptações de clássicos da literatura infantil universal, isto é, leituras infantis não exclusivamente escolares, iniciativa que vai se expandindo com o tempo e que ganhará força nos anos 20, com a obra pioneira de Lobato.

Da mesma forma, o movimento de criação de redes de bibliotecas públicas infanto-juvenis, iniciado em São Paulo, em 1935, com a que se tornaria a Biblioteca Infantil Monteiro Lobato, é também indicador de antigas preocupações com a leitura de nossas crianças. Se tal movimento não conseguiu se alargar em consonância com as demandas, ainda assim sua emergência indica a existência de uma sensibilidade para a questão da leitura infantil e juvenil datada de tempos já distantes.

Se podemos localizar preocupações com a promoção da leitura infanto-juvenil desde o século XIX, não há como deixar de reconhecer, por outro lado, a pequena extensão das iniciativas, ao menos até os recentes anos 60/70. Ocorre que somente as mudanças gerais transcorridas no país nas décadas de 50 e 60 teriam condições de alterar fundamentalmente os processos de produção, circulação e consumo do livro infanto-juvenil. Até então, era quase natural conceber a leitura como o comportamento restrito a pequenas parcelas da população pertencentes às elites. Enquanto comportamento geral, das massas, o fenômeno é novo no Brasil, estando talvez ainda no que poderíamos chamar de "fase heróica". Em outras palavras, lutamos com níveis prévios, como a alfabetização da imensa massa de brasileiros que não conseguiram e não conseguem ir à escola, lutamos com uma infra-estrutura educacional e cultural extremamente precária, lutamos com hábitos e atitudes arraigadas na cultura e que não são vencidos com facilidade.

Em todo caso, ocorreram alterações significativas no quadro da leitura de crianças e jovens nos últimos anos. Por exemplo, quanto à produção editorial, temos a destacar não apenas um expressivo aumento quantitativo — especialmente da produção literária —, mas também a consolidação de uma literatura infanto-juvenil diferenciada daquela que se praticou entre nós até finais dos anos 60. Se até então vivíamos de formas e fórmulas emprestadas à tradição moralizante e pedagogizante herdada do século XVIII europeu, quando a literatura para crianças aparece como forma impressa diferenciada, a partir dos anos 70 uma produção com características novas começa a emergir e ganhar terreno, indicando que passaríamos a conceber e realizar de modo novo a literatura para crianças.[2]

Do ponto de vista da circulação, assistimos a um aumento crescente do interesse da escola pela promoção de textos infanto-juvenis, ainda que esse aumento venha quase sempre impregnado de preocupações utilitaristas que facilitam a redução da leitura a mero exercício didático de transferência de informação. Mas, apesar desse pragmatismo exacerbado, a escola vem tentando cumprir como pode o papel a ela reservado de canal privilegiado de escoamento da melhor e da pior produção literária concebida para crianças e jovens. Sem uma infra-estrutura cultural capaz de facilitar a circulação do patrimônio literário, o país acabou polarizando a difusão do livro infanto-juvenil ao redor dela, entregando-lhe o papel de não apenas iniciar crianças nas letras, mas principalmente de mantê-las fiéis a elas, de transformá-las em leitores interessados e permanentes.

Apesar da clara vantagem concedida à escola, a biblioteca também tem servido como ponto de apoio a programas promocionais. Publicações especializadas discutem o papel da instituição no novo contexto cultural, bibliotecários envolvem-se em projetos, desenvolvem-se atividades como oficinas de animação de leitura, congressos, cursos voltados ao assunto, campanhas que buscam integrar eficazmente a biblioteca a esse movimento de mobilização pela leitura.

Por outro lado, o grupo de leitores infanto-juvenis começou a se diversificar. A ampliação da rede de ensino ocorrida nas últimas décadas, mesmo se deficiente e sujeita a todo tipo de precariedades, resultou na absorção de novos públicos pelo sistema escolar e, em decorrência, na ampliação do público do impresso. Se não temos quadros estatísticos da composição de leitores infanto-juvenis brasileiros em épocas anteriores aos anos 70 — como de resto não os temos atualmente —, ainda assim não é abusivo afirmar que a assimilação de novos segmentos sociais pela escola pública alterou o quadro que prevalecia até os anos anteriores, constituído quase que exclusivamente por filhos das classes mais abastadas. Se livro e leitura estão longe de se popularizar no Brasil, sem dúvida alguma em alguns centros começaram a penetrar em segmentos sociais que tradicionalmente viveram totalmente à margem deles.

Paralelamente a essas alterações — muitas delas ainda em curso —, ocorria outra, das mais importantes, e que nos interessa particularmente: o surgimento de um conjunto discursivo cuja preocupação central é a promoção da leitura, considerada em seus vários as-

2. V. Edmir Perrotti, *O texto sedutor na literatura infantil*. São Paulo, Ícone, 1986.

pectos. Se até os anos 70 essa produção é relativamente rara no país, a partir de então o número de publicações preocupadas com a leitura infanto-juvenil começa a crescer e a atingir dimensões que indicam não só o aumento de interesse social pelo tema, como também dificuldades para a inserção da leitura na vida cotidiana do público a que se dirige.

Oscilando quase sempre entre reflexão e prescrição, esse discurso apresenta uma vocação muitas vezes explicitada: orientar, dar direção ao processo de ampliação do quadro de leitores no país. Nesse sentido, trata-se de discurso empenhado, comprometido prioritariamente com a razão prática, dado cuja compreensão é indispensável, na medida em que, aglutinando-se em torno desse núcleo definidor, falas variadas acabam por reduzir-se ao mesmo denominador comum: promover, desenvolver, estimular a leitura.

A noção de leitura como atividade insubstituível e imprescindível tanto ao crescimento individual como ao social acompanha a quase totalidade dos textos que compõem o conjunto em pauta. Na melhor tradição iluminista, a cultura letrada é tida — em especial a literária — como a criação mais elevada concebida pelo espírito humano. O acesso a ela possibilita não só revelação proveniente de sua grandeza imanente, como também distinção, diferenciação, destaque, visto que grandes levas em todo o mundo continuam vivendo praticamente à margem da escrita ou apenas utilizando-se dela no justo limite das exigências de sobrevivência. Por outro lado, do ponto de vista geral, a leitura aparece como o instrumento de desenvolvimento cultural por excelência, recurso capaz de eliminar a barbárie e a incultura. Numa sociedade como a brasileira, ligada fortemente à oralidade, promover a leitura significaria por exemplo ato capaz de livrar-nos do atraso, de integrar-nos ao processo civilizatório do qual estamos excluídos por falta de intimidade e fidelidade ao impresso.

Essa concepção salvacionista da leitura conduz a outra: a da promoção "necessária".[3] Se o país não lê, deve ler, custe o que custar, pois esta é a saída para os problemas cruciais que enfrenta. Assim, pede-se a todos os indivíduos comprometidos com as grandes e boas causas nacionais que livrem nossa população das trevas da incultura, participando de uma mobilização cujo objetivo é outorgar leitura às massas. Dado o significado emancipatório intrínseco ao ato de ler, sua promoção deve ser um esforço acima de particularidades e interesses específicos, deve ser movimento de despojamento pessoal e de classe em benefício da grandeza nacional.

---

3. V. Jean Baudrillard, "A gênese ideológica das necessidades", in *Para uma crítica da economia política do signo*. São Paulo, Martins Fontes, s/d, p. 57-90.

A adoção do pragmatismo implícito da "ideologia das necessidades" não consegue, todavia, esconder aqui a lacuna produzida pela ausência da reflexão aprofundada sobre os componentes sócio-culturais que estariam na raiz da falta de leitura de crianças e jovens. Centrado nos procedimentos promocionais, ativistas, o discurso não se preocupa em perguntar sobre questões essenciais que afetam as relações da infância com os livros. Segundo ele, o fosso existente seria facilmente preenchido por medidas administrativas que, associadas às modernas técnicas de animação, tornariam possível e interessante o acesso aos materiais impressos. Na concepção vigente, caso nossas crianças sejam expostas aos livros, caso nossos promotores (professores, bibliotecários, mediadores culturais) utilizem devidamente técnicas de animação de leitura, as resistências ao escrito serão vencidas para sempre, os leitores serão permanentemente interessados, os livros circularão avidamente pelo país, livrando-o da barbárie que o vitima.

Se não é possível deixar de reconhecer a importância fundamental que as questões administrativas e técnicas exercem no conjunto do processo cultural, não é possível também endossar a "ingenuidade" técnico-administrativa. Acreditar, nos dias atuais, que soluções atentas exclusivamente aos níveis operacionais das questões culturais possam conduzir a novo estado de coisas é fechar os olhos a uma realidade extremamente cambiante, que não se rende a fórmulas passadas. Na verdade, a formação de leitores em nossos dias exige bem mais que possuir ou ter escolas e bibliotecas em pleno funcionamento.

Desse modo, quando se percebem as realidades que afetam atualmente a infância, especialmente em situações urbanas — mudanças na estrutura familiar, confinamento cada vez maior em instituições de educação e cultura (creches, escolas, escolinhas, bibliotecas, centros de cultura e lazer), perda constante de espaços onde tradicionalmente se produzia cultura (quintais, ruas, calçadas, praças, parques) —, nota-se a insuficiência dessa visão meramente operacional, técnico-administrativa, do processo cultural. Nos novos tempos, estão em jogo não apenas questões de infra-estrutura que afetam a leitura. Está em jogo sobretudo o lugar reservado à infância na sociedade. É aqui que os problemas mais difíceis se colocam, já que dizem respeito ao estar-no-mundo de crianças e jovens de nossa época. E, como se sabe, nossas relações com os objetos culturais são construídas em consonância com esse modo de estar. Precisamos, como diz Arendt, "de um lugar no mundo que dê significado às opiniões e à realidade dos atos".

Dadas tais questões, vale a pena identificar os fundamentos do discurso assimilado e difundido nos últimos anos sobre a promoção da leitura infanto-juvenil, que já se tornou hegemônico. Partindo deles, talvez consigamos construir referenciais que coloquem a promoção em novas bases, isto é, em condições que considerem a leitura vinculada ao quadro geral do leitor e seu contexto cultural. Afinal, como diz Genette, "um texto não é uma revelação que temos que sofrer; é uma reserva de formas que esperam seu sentido...", isto é, seu leitor.[4]

A busca de novos referenciais para a leitura infantil e juvenil não significa inexperiência total de iniciativas e reflexões críticas. Sem dúvida, está em processo um movimento de ruptura, de criação de novos marcos que permitirão não apenas reler a leitura a partir de novas diretrizes — como fez Paulo Freire com a alfabetização —, mas sobretudo repensar sua promoção, colocando-a em consonância com novas perspectivas culturais para a infância.

Esses referenciais, ainda que em gestação, já começam a indicar, por exemplo, que algumas expressões como "hábitos de leitura", "estímulos à leitura" serão colocadas em dúvida junto com a realidade que encerram à medida que forem sendo reveladas suas vinculações com projetos que pretendem inserir aleatoriamente a leitura na vida dos grupos infanto-juvenis.

Da mesma forma, o acompanhamento sistemático de mediadores culturais diversos, através do *Projeto I.C.I.*[5] da Escola de Comunicações e Artes da Universidade de São Paulo, tem-nos atestado a precariedade de atividades que concebem a leitura enquanto mero comportamento a ser estimulado artificialmente, a partir de instituições alheias aos contextos culturais da infância.

Se tem havido iniciativas e reflexões críticas aqui e ali, têm faltado, porém, estudos sistemáticos e sistematizadores do discurso hegemônico, da mesma forma que estudos que atentem para as condições culturais globais dos grupos infantis e suas relações com o ato de ler. No geral, embora críticas, as reflexões continuam difusas, além de centradas mais na leitura que no leitor.

Nesse aspecto, mesmo de uma perspectiva crítica, este último fica reduzido a mero detonador de um processo que, apesar de escapar-lhe, deve dominar. Sem história, o leitor segue pensando como receptáculo de uma prática que, devidamente estimulada, pode ser

---

4. V. G. Genette, *Figures*. Paris, Seuil, 1966, p. 132.
5. Projeto Infância, Cultura, Informação — Trata-se de um projeto de pesquisa sobre as relações entre infância, cultura e informação nas condições contemporâneas. Entre diversas atividades, o projeto oferece apoio técnico a instituições na área de educação informal ou cultural, realiza cursos, seminários, formação de pessoal de vários níveis para atuar em espaços culturais com crianças e jovens. Além disso, orienta, supervisiona programas culturais destinados à faixa infanto-juvenil.

conquistada. Em outras palavras, as críticas atuais servem-se, em sua maioria, dos mesmos pressupostos que sustentam o discurso hegemônico. A diferença talvez seja que eles avançam mais na denúncia da precariedade institucional, o que, evidentemente, não é pouco.

Contudo, já não basta ater-se a críticas devidas ao mau funcionamento da escola, da biblioteca e de outras instituições promotoras, por mais pertinentes que sejam. É preciso avançar para aspectos que se situam além das questões funcionais e que dizem respeito à natureza da própria cultura e de suas instituições. O que significa crianças e jovens viverem reclusos em instituições encerradas em si mesmas, sem oportunidades de participação efetiva na cultura? O que significa a perda progressiva de espaços livres de produção cultural na cidade e a transferência de atividades para espaços confinados, controlados por adultos? O que significa submeter as atividades culturais da infância à aprovação de agentes institucionais, por mais liberais que possam ser? O que significam, enfim, as condições culturais contemporâneas? Quais suas relações com a leitura?

Rever, portanto, nessa perspectiva ampla e integradora, os fundamentos que constituem as bases atuais da promoção da leitura é objetivo pertinente quando se está preocupado com sua redefinição face a um quadro cultural marcado por um crescente confinamento da cultura da infância em instituições que insistem em manter-se de costas para o jogo social vivo. Além disso, a revisão é caminho promissor para quem está, como nós, preocupado em reavaliar a importância e o papel cultural da leitura em época como a contemporânea, de tantos recursos informacionais. Afinal, se com certeza ler não desempenha mais os mesmos papéis que a tradição lhe reservou, apesar dos avanços técnicos de toda espécie, continua sendo chave para sonhos e segredos que podem concernir diretamente a todos nós e que durante séculos foram registrados e zelosamente guardados pela humanidade nos livros.

II

Para realizar nosso trabalho, possuíamos um material privilegiado de estudo: aquele publicado regularmente, desde 1969, no *Boletim Informativo (BI)* da Fundação Nacional do Livro Infantil e Juvenil (FNLIJ)[6], em especial os artigos. Desde sua criação, a

---

6. Traçaremos adiante um perfil da FNLIJ. Por ora, vale ressaltar que nosso estudo foi feito a partir dos setenta números de seu *Boletim Informativo*, publicados entre 1968 e 1985, período delimitado por dois importantes marcos na vida brasileira: o AI-5 e o fim do regime militar e início da Nova República.

FNLIJ, com suas diversas formas de atuação, optou também pela publicação de um periódico bimestral — posteriormente, a partir do número 14, trimestral — que trataria das mais diferentes questões referentes ao livro, à leitura, à literatura infanto-juvenil, sob a forma de artigos, noticiários, resenhas, etc. O *BI* teria um papel importante como elo de ligação entre interesses dispersos e diversos, entre idéias e atividades que envolvem a questão da leitura infanto-juvenil. Tendo a FNLIJ nascido com pretensões de se tornar um organismo de alcance nacional, à medida que foi ampliando seu raio de ação o *BI* serviu para criar, fortalecer, consolidar preocupações que levaram à sua própria criação e à da FNLIJ. O conjunto de artigos e as demais informações divulgadas regularmente ao longo de quase duas décadas constituem um amplo painel das orientações teórico-práticas tomadas pela leitura infanto-juvenil e sua promoção não apenas no país, como também em várias partes do mundo, já que o *BI* difundiu informações provenientes tanto de fontes nacionais como internacionais.

Desde seu aparecimento, a publicação vem mostrando material de toda espécie, qualidade e nível: de artigos e informações de pessoas ligadas à redação a trabalhos apresentados em congressos internacionais por estudiosos de vários países; de notas sobre um evento de promoção de leitura num pequeno município brasileiro a relatos sobre bienais internacionais de ilustração de livros infanto-juvenis; da criação de uma pequena biblioteca de bairro à descrição de atividades desenvolvidas pela Biblioteca Internacional de Munique, centro mundial de documentação de literatura infantil e juvenil. Em decorrência, ao longo desses anos, o *BI* foi ao mesmo tempo ponto de convergência e de propagação de idéias dominantes entre elites educacionais e culturais encarregadas de dar direção ao processo de promoção da leitura infanto-juvenil. A rigor, pelo acúmulo, tornou-se verdadeiro termômetro que permite a medição do desenvolvimento da concepção sobre a leitura e sua promoção nestas últimas décadas.

Mas se o *BI* é veículo privilegiado para o acesso a concepções que se tornaram hegemônicas, revela também limites estreitos em função de seus compromissos promocionais. Na realidade, em que pese a variedade de assuntos e de temas tratados, o conjunto dirige-se sempre para o mesmo lugar — a "ideologia das necessidades". Nele, não há brechas para questionamentos, para posições divergentes que contextualizem, que relativizem o ato de ler. Este é tratado como valor absoluto, que paira acima de nossas mazelas cotidianas, como se a aproximação com a vida pudesse cobri-lo de impurezas, em vez de expandi-lo.

Não admira, pois, a existência de referências constantes a noções como "estímulo": estímulo à leitura, aos "hábitos de leitura", ao "prazer de ler", ao "gosto pela leitura", estímulos, enfim, de toda sorte e qualidade. É que, na falta de inserção verdadeira na vida de crianças e jovens, a leitura deve ser estimulada, isto é, artificialmente induzida. Como os grupos infantis não se reconhecem no e através do ato de ler, sua propaganda torna-se inevitável.

Nesse sentido, se se quiser encontrar posições que apontem para novos caminhos, será preciso olhar além do *BI* e da literatura que, como ele, compreende a leitura como comportamento capaz de ganhar sentido independentemente das condições culturais gerais de quem o pratica.

PARTE I: POLÍTICAS DE PROMOÇÃO DA LEITURA INFANTIL E JUVENIL

O "PACTO" DA LEITURA

Talvez não seja exagero afirmar que, entre nós, boa parte da recente história da leitura infanto-juvenil e de sua promoção confunde-se com a história da FNLIJ, tal o grau de participação e envolvimento dessa instituição em vários dos acontecimentos ocorridos nesse campo no Brasil.

Criada em 1968, a FNLIJ não só procurou canalizar, desde então, diferentes esforços nacionais na área, tornando-se um centro aglutinador e diretor de iniciativas, como transformou-se ela própria em alimentadora de inúmeros trabalhos, visando a seu objetivo inicial: promover o livro, a leitura e a literatura infanto-juvenis.

Assim, durante esse período, realizou projetos próprios e tomou parte em projetos de terceiros; publicou materiais diversos como o *BI*; noticiou o aparecimento de textos de interesse na área; organizou e participou de seminários, congressos, feiras e exposições nacionais e internacionais; criou e distribuiu prêmios; contribuiu para campanhas de distribuição de material de leitura, divulgou-as, louvou-as; nasceu, cresceu, consolidou-se; tornou-se, enfim, a expressão mais evidente do esforço nacional de promoção do ato de ler nas faixas de sua especialidade.

Em 1984, sua atuação valeu-lhe reconhecimento internacional. Nesse ano, foi distinguida pela UNESCO com a menção honrosa do Prêmio Iraque de Alfabetização, distinção conferida pelo organismo a quem se destaca em campos ligados à alfabetização.

A trajetória ascendente da FNLIJ está registrada ao longo dos setenta volumes do *BI* estudados. Acompanhá-la é obter dados importantes para a compreensão dos rumos da leitura infanto-juvenil no país e, em certa medida, também no exterior; acompanhá-la é perceber como se instituiu, se desenvolveu e consolidou nestes últimos vinte anos um verdadeiro "pacto" nacional em torno de ideais de promoção da leitura junto a crianças e jovens, "pacto" que, na verdade, significa a inserção do país num movimento cultural internacional, comandado pelos centros desenvolvidos.

Por ocasião da entrega da referida menção à FNLIJ, pela UNESCO, uma das criadoras da entidade, sediada no Rio de Janeiro, proferiu um discurso, reproduzido no *BI* nº 69, intitulado "A participação da FNLIJ no campo internacional". O texto procura delinear um histórico da instituição, tomando por ponto de partida aquilo que, segundo sua autora, seria um dos traços definidores da entidade: seu internacionalismo.

O depoimento é explícito:

> O vínculo da Fundação Nacional do Livro Infantil e Juvenil com entidades internacionais iniciou-se antes mesmo do aparecimento da própria FNLIJ. Isto pode parecer um contra-senso, mas é uma verdade.
>
> A idéia-semente de uma organização particular que congregasse todos os que no Brasil se interessavam por livros e por crianças foi trazida por uma jovem brasileira — a técnica de educação Maria Luiza Barbosa de Oliveira — que participou do IX Congresso da Organização Internacional para o Livro Infantil e Juvenil (IBBY), em 1964, em Madri, por indicação do então diretor do INEP (Instituto Nacional de Estudos e Pesquisas), Dr. Péricles Madureira do Pinho.
>
> Essa idéia germinou com a eficiente colaboração de Laura Sandroni, e, em maio de 1968, foi criada a FNLIJ — um pequeno embrião que se desenvolveu à sombra acolhedora do velho casarão da rua Voluntários da Pátria, em Botafogo.
>
> Nesse período, tudo era artesanal e não-remunerado. Vivia-se a custo de muito idealismo e boa vontade.
>
> Nesse mesmo ano, 1968, a escritora Elza Bebiano ofereceu-se para participar do XI Congresso da IBBY realizado em Amriswil (Suíça), e dos contatos que teve nos trouxe a proposta de iniciar uma publicação que se tornou o *Boletim Informativo*, lançado nessa época, e que hoje está com sessenta e oito números publicados.
>
> Em 1970, desejando atualizar meus conhecimentos sobre literatura para crianças e bibliotecas infantis, resolvi participar do XII Congresso da IBBY em Bolonha, na Itália, que se realizava concomitantemente à Feira Internacional de Livros Infantis e à Mostra de Ilustradores. Foi um grande impacto verificar os movimentos de renovação da literatura infantil, entrar em contato com os especialistas do ramo, principalmente os europeus, e, sobretudo, conhecer pessoalmente a grande figura feminina — Jella Lepman — inspiradora e uma das fundadoras da IBBY.

> Nessa ocasião, tive o privilégio de ser a primeira brasileira eleita para o comitê executivo da IBBY. A bem da verdade, não foi por méritos pessoais, mas por ser a única brasileira presente e também porque necessitavam urgentemente de um elemento da América Latina para perfazer o cunho autenticamente internacional do quadro dirigente. Nesta posição, servi durante dois anos, e tive oportunidades várias de estabelecer contatos com pessoas e entidades que foram de grande proveito para as futuras atividades da FNLIJ. Entre elas, conhecer a Biblioteca Internacional da Juventude de Munique, instituição criada também por Jella Lepman.
>
> Walter Sherf, então diretor da citada biblioteca, ofereceu bolsa de estudos à fundação.

Como se pode notar, o depoimento em questão deixa clara a vocação internacionalista da FNLIJ, já na sua criação. Sua leitura revela o processo de integração ao projeto encabeçado pela International Board on Books for Young People, instituição ligada à UNESCO e fundada em 1953, com sede em Zurique, Suíça. Por outro lado, o depoimento sugere que a iniciativa de criar "uma organização particular que congregasse todos os que no Brasil se interessavam por livros e por crianças" resulta de ideais de promoção cultural incrustados no Estado brasileiro de então, via INEP. Em outras palavras, o texto permite concluir que a iniciativa teria partido do próprio país, em função de discussões aqui realizadas.

A leitura de outro documento publicado no *BI* nº 1 desautoriza, porém, tal conclusão. Sob o título "Fundação Nacional do Livro Infantil e Juvenil", tal documento diz que

> por iniciativa da educadora espanhola Carmem Bravo Vilassantes, o Centro Brasileiro de Pesquisas Educacionais foi convidado, em 1964, a participar do Congresso da International Board on Books of Young People, que se realizou em Madri, na Cidade Universitária. O convite teve por objetivo dar conhecimento ao nosso país do trabalho empreendido em diferentes países, para a difusão e o aprimoramento dos livros infantis e juvenis, assim como obter obras representativas da literatura brasileira desse gênero para figurar em exposição que ali teria lugar. Para representar o Brasil naquele congresso, foi designada a professora Maria Luiza Barbosa de Oliveira. A necessidade de criação de uma entidade nacional que em nosso meio se dedicasse ao livro infantil e juvenil ficou evidenciada no decorrer do congresso, devendo tal entidade filiar-se ao organismo internacional.

Sendo assim, o que temos não é apenas e tão-somente a participação do Brasil num projeto de cunho internacionalista, mas, com a criação da FNLIJ, a assimilação pelo país dos objetivos e preceitos de tal projeto formulado pela IBBY, instituição que pretende, através do estabelecimento de um "pacto" internacional — base para "pactos" nacionais — centrado nela própria, incluir no circuito do livro e da leitura crianças e jovens dos mais diferentes países e das mais diferentes condições, conforme se pode ler em documento publicado no *BI* nº 1. Segundo tal documento,

> a IBBY (International Board on Books for Young People) é uma associação internacional filiada à UNESCO, tendo por fim promover e difundir a boa literatura para jovens e crianças em todo o mundo. (...) A sede oficial é em Zurique, havendo seções nacionais filiadas nos seguintes países: Argentina, Austrália, Áustria, Alemanha, Brasil, Canadá, Chile, Dinamarca, Espanha, Estados Unidos, Finlândia, França, Ghana, Grécia, Luxemburgo, México, Nigéria, Noruega, Paraguai, Porto Rico, Peru, Portugal, Rússia, Suécia, Suíça, Tchecoslováquia, Turquia, Uruguai, Venezuela. Novas seções nacionais estarão em breve funcionando.
>
> De dois em dois anos reúne-se uma assembléia geral, sempre que possível em um país diferente. Nessas ocasiões são examinados os problemas da literatura infantil de cada país.
>
> Objetivos da IBBY
>
> 1. Apoiar e unificar em todos os países os esforços que de algum modo estiverem ligados à literatura juvenil e infantil.
> 2. Encorajar a difusão da literatura recreativa e informativa para a juventude:
>   a) promovendo a fundação de bibliotecas infantis, ou dependências de literatura infantil em bibliotecas já existentes, no maior número possível de países;
>   b) promovendo a publicação e a circulação da literatura para crianças e jovens.
> 3. Promover investigação científica no campo da literatura juvenil, dos métodos pedagógicos, da literatura, na escola, no lar ou em associação para jovens.
> 4. Influenciar os meios educativos que contribuem para o desenvolvimento intelectual dos jovens através dos livros, ou outros veículos de divulgação que exerçam influência nesse desenvolvimento, tais como: revistas, material ilustrativo, filmes, programas de televisão e de rádio.
> 5. Promover o contínuo aperfeiçoamento de pessoas que trabalhem no campo da literatura infantil e juvenil.
> 6. Oferecer prêmios internacionais para livros infantis e juvenis. A medalha Hans Christian Andersen é dada a cada dois anos:
>   a) a um autor vivo cujo trabalho tenha contribuído, destacadamente, para a literatura infantil ou juvenil;
>   b) a um ilustrador de livros para jovens ou crianças.

7. Repudiar e combater a imoralidade e o crime nos livros para crianças e jovens.

8. Como tarefa mais importante para os próximos anos, a IBBY se propõe a organizar um auxílio educacional para países em desenvolvimento, principalmente no campo da literatura juvenil e infantil.

O documento mostra que a IBBY pretende ser um órgão centralizador e disseminador de "esforços" que visem à promoção do que ela entenderia ser a "boa literatura para crianças e jovens de todo o mundo". Seu primeiro objetivo não deixa margens a dúvidas quanto a isso: "Apoiar e unificar em todos os países os esforços que de algum modo estiverem ligados à literatura juvenil e infantil".

Por outro lado, o documento esclarece-nos também sobre outras pretensões da IBBY, embora estas apareçam no texto de forma subjacente. Na realidade, "apoiar e unificar os esforços" não é senão tentativa de intervir na direção da cultura, com vistas à universalização do modelo cultural letrado, então abalado, entre outras causas, pela emergência em grande escala dos meios audiovisuais — em especial a televisão — na vida cotidiana, meios de aceitação fácil em várias partes do mundo, inclusive naquelas arredias à cultura impressa ou, então, não alcançadas por ela.

Um depoimento extenso, de 1970, por ocasião da morte da mentora da IBBY, oferece rico material sobre os ideais e as condições que levaram à criação da entidade. Nele o então presidente da instituição, entre outras pessoas, informa-nos que

> a escritora Jella Lepman nasceu em 15 de maio de 1891 em Stuttgart. Perdeu o marido na Segunda Guerra Mundial. Após essa ocorrência, teve de tomar conta da família: tornou-se jornalista numa revista alemã para senhoras. Em 1936 imigrou com seus dois filhos para Londres e obteve a cidadania britânica. Nove anos depois voltou à Alemanha do pós-guerra, onde fundou a Biblioteca Internacional para a Juventude em Munique. Em 1953 Jella Lepman foi até Zurique, organizou a União Internacional de Livros para a Juventude com o fim de promover e divulgar a boa literatura juvenil. Com esse objetivo, instituiu o Prêmio H. C. Andersen em 1956 e, em 1957, o Dia Internacional do Livro.
>
> Jella Lepman faleceu em sua casa na noite de 4 para 5 de outubro.

Continuando seu relato, o autor fala-nos das motivações de Lepman:

> Veio da Inglaterra para seu país de origem em outubro de 1945. Em Bad Homburg, que era o quartel-general das forças de ocupação americanas, ela trabalhou, chegou a major, como conselheira dos assun-

tos culturais e educacionais de mulheres e crianças na Zona Americana. Durante os dias gelados de outono, a major Lepman andou num jipe através da Zona Americana totalmente destruída. Encontrou deficiências materiais em todos os lugares. Mas o que mais a abalou, no entanto, foram as crianças sem teto, esfaimadas, vivendo em ruínas ou cavernas nas florestas. Jella Lepman pensou que fornecer comida não era o suficiente, o cuidado com o alimento espiritual era igualmente importante. Com toda a sua veemência, devotou-se a essa missão.

Explicados os motivos, o depoimento centra-se na apresentação dos feitos de Lepman:

a exposição em Munique e Berlim de livros infantis internacionais chamou a atenção da Fundação Rockefeller e da sra. Roosevelt para suas atividades e a levaram até os Estados Unidos para que desenvolvesse a idéia da Biblioteca Internacional da Juventude. Regressou às ruínas de Munique cheia de esperanças. Após uma luta longa e exaustiva, obteve uma casa para a organização, onde, em outubro de 1949, a biblioteca inaugurou-se com prateleiras abertas, com quartos para livros de gravuras, com grupos de debate para jovens e estúdios de pintura para crianças. Suas atividades expandiram-se de tal maneira que Erick Kaster pôde dizer: "Isto é agora uma universidade para crianças!" A biblioteca, que possui atualmente mais de cento e sessenta mil volumes em cerca de cinqüenta línguas, tornou-se uma instituição pioneira.

Em outubro de 1953, Jella Lepman estendeu suas atividades à cooperação internacional. Juntamente com amigos de diversos países, dentre os quais podia contar José Ortega y Gasset, fundou em Zurique a União Internacional de Livros para a Juventude (IBBY). Poeticamente, ela chamou o comitê "a consciência mundial da literatura internacional para a juventude". Como ela idealizou, a IBBY deve reunir e coordenar entidades que estejam trabalhando no campo da literatura juvenil nos diversos países, deve promover a boa literatura infantil como propriedade comum dos povos por meio de um serviço de traduções, deve auxiliar na fundação de bibliotecas internacionais para jovens e manter bibliotecas infantis, deve apoiar pesquisas científicas em literatura infantil, a publicidade através de informações, deve facilitar os estudos e distribuir prêmios internacionais. A revista *Bookbird* foi fundada com esses objetivos.

Jella Lepman criou em 1956 o Prêmio H. C. Andersen, para inspirar os autores a escreverem bons livros para a juventude, prêmio esse que é distribuído para os melhores autores de livros infantis, e agora também para os melhores ilustradores. O prêmio é altamente considerado internacionalmente.

Comissionada pela Fundação Rockefeller, Jella Lepman viajou em 1956 para a Turquia, Líbano e Irã. Dessa forma, chamou a atenção para os países em desenvolvimento, tornando-se objeto de interesse especial desde o Congresso de Hamburgo em 1962.

A nossa vivaz Jella, até o seu último instante cheia de visões e idéias novas, criou em 1967 o Dia Internacional do Livro Infantil, para chamar a atenção dos jovens e de suas famílias para o bom livro infantil.

Antecipou que uma árvore de livros surgiria dessa manifestação, que espraiaria seus ramos florescentes muito além dos limites da IBBY, como foi dito por ela em palestra pronunciada no primeiro Dia Internacional do Livro Infantil.

Uma árvore de livros (...), esse motivo simboliza hoje em dia a própria Jella. Ela tornou-se a árvore da parábola eterna, que se estende tão longe que os pássaros vêm de todas as partes para construir os ninhos em seus galhos.

Foi sua paixão oferecer somente os melhores frutos da raça humana e assim unir os jovens de todas as fronteiras através da humanidade real.

O longo depoimento parece situar bem o quadro em que se forja a IBBY — o mundo europeu devastado da Segunda Guerra Mundial —, assim como os ideais que levaram à criação da instituição — a redenção universal através do livro e da leitura; a preparação de um futuro de paz e tranqüilidade, através da formação das novas gerações em contato estreito com a cultura letrada, recomposta a partir de ações como as que a IBBY pretende empreender. J. E. Morpurgo, em prefácio a um livro de Jella Lepman, *A bridge of children's books,* é explícito nesse sentido. Segundo ele,

> a noção de sarar as cicatrizes do passado e, mais importante ainda, de evitar os ferimentos no futuro, construindo o que chama de "uma ponte de livros infantis" foi magnífica, e, devido à sua obstinação perseverante, magnificamente realizada. (...) Jella Lepman iniciou seu trabalho em prol dos livros infantis como um meio de compreensão internacional, e daí, por conseguinte, a paz entre as nações (*BI* nº 12).

A metáfora da "ponte de livros infantis" parece apropriada para traduzir a proposta ecumênica e de boa vontade da IBBY, além de oportuna, após um conflito mundial; um "pacto" em torno de ideais como os definidos por Jella Lepman seria a forma de a humanidade voltar a se encontrar, se dar as mãos, apagando com ungüentos de cultura letrada feridas ainda expostas e que deveriam cicatrizar. Além disso, tal "ponte" teria o mérito de possuir qualidades preventivas, de "evitar ferimentos no futuro, constituindo-se em fator da paz permanente entre nações". Por serem as guerras resultado da ignorância e do desconhecimento do "outro", o livro, fruto privilegiado de conhecimento, ao ser universalizado e posto nas mãos de crianças e jovens, seria talvez capaz de afastar novas tragédias bélicas como a que acabara de ocorrer e que levara a própria IBBY à idéia da "ponte de livros infantis".

Objetivos tão nobres, oportunos e bem-intencionados calaram fundo, produzindo adesões fáceis em toda parte. Tanto que bastou à IBBY apresentar-se como centro de um "pacto", e os parceiros logo surgiram em vários países, permitindo a internacionalização do movimento antes que questões de fundo implicadas na proposta, seja ao nível de pressupostos ou de estratégias operacionais, fossem discutidas.

Como se sabe, ler já não tem o mesmo estatuto e significado que teria tido em épocas passadas, antes da emergência das massas em várias partes do mundo, enquanto força histórica e, ao mesmo tempo, enquanto mercado consumidor extenso de um capitalismo em processo de internacionalização. Os novos tempos trouxeram consigo questões socioculturais que com certeza alteraram o papel da leitura no mundo, impondo-lhe novas relações com o conjunto da vida social. Nessas condições, parece difícil continuar entendendo a leitura como "véu de doçura e luz" a cobrir de "poesia o puro espírito". No mundo do pós-guerra, apesar do pragmatismo da IBBY, omitir questões emergentes é ater-se a referências que desconhecem o novo, que viram as costas aos novos horizontes sociais, aos desejos gerais de acesso às facilidades do consumo e da vida moderna, à sociedade de massa e sua problemática, enfim.

Assim, compromissado desde o nascimento com a recuperação e a universalização abstrata da cultura letrada, o "pacto" proposto pela IBBY não parece ter como ponto de referência a contemporaneidade e suas questões, mas épocas em que cultura e cultura letrada pareciam se reduzir praticamente uma à outra e eram domínio exclusivo de uma classe. Em conseqüência, tudo se passa como se suas ações pudessem restaurar o equilíbrio perdido, recuperar saraus literários em que uma burguesia culta ou pretensamente culta representava o mundo segundo suas conveniências e interesses, ao mesmo tempo que se representava enquanto classe superior e dona de todas as coisas. É como se, na nova realidade, livro e leitura pudessem continuar a se oferecer da forma como em geral se ofereceram: instrumentos superiores e exclusivos de cultura e de classe.

Desse modo, ao virar as costas para as questões de nosso tempo, a IBBY acaba pondo em circulação um projeto que tenta passar por cima da história, que despreza mudanças sociais, avanços científicos e tecnológicos, que relega ao esquecimento diferenças entre países, classes, culturas. Por outro lado, a adesão irrestrita ao projeto tal qual está formulado acaba se transformando também em exercício saudosista, de reafirmação de idéias que, com as novas condições históricas, não passam de retóricas declarações de princípios, repletas de boa consciência e de boas intenções, mas incapazes de conduzir a caminhos que redimensionem o ato de ler e a cultura letrada na atualidade. Em outras palavras, as premissas sobre as quais se assentam as propostas da IBBY são incapazes de levar, no quadro cultural contemporâneo, a alternativas efetivas para a leitura, uma vez que as referências que as sustentam ficaram definitivamente sepultadas sob as cinzas da Segunda Guerra Mundial. O "pacto" proposto pela IBBY pretende que se ignore o mundo real, que se ignore, por exemplo, a "guerra fria" que se seguiu imediatamente após o término da Segunda Guerra, e que se construa um programa de ação a partir da ficção de uma comunidade universal, capaz de vencer em paz todas as suas divergências.

São tais ideais ecumênicos e de irmanação universal através do livro infanto-juvenil que nos chegam nos anos 60, quando a IBBY passa a se preocupar em estender sua "ponte" para além da Europa e dos Estados Unidos e em "organizar um auxílio educacional para países em desenvolvimento". São esses ideais que servem como justificativa de nossa adesão a um projeto de intervenção cultural que repousa na possibilidade de vencer dificuldades atropelando diferenças e conflitos. São eles que determinam a estratégia política que deverá reger atividades promocionais diversas: *a conciliação.*

Assim, o documento que descreve o processo da criação da "entidade que em nosso meio se dedicasse ao livro infanto-juvenil" é claro quanto à estratégia política a ser adotada. A leitura desse documento, publicado no *BI* nº 1, revela que nem objetivos nem estratégias da entidade nacional diferem das propostas da instituição internacional. Na verdade, a originalidade nela contida parece estar relacionada mais à nomeação dos segmentos que estarão no centro do "pacto" nacional que aos objetivos e modos de atuar da FNLIJ.

Assim, temos que

> somente em março de 1967, entretanto, realizou-se a primeira reunião de pessoas interessadas em participar de uma associação que reunisse editores, autores, ilustradores, educadores, bibliotecários, tendo em vista congregar esforços em favor do livro para a infância e a juventude. Coube a presidência dessa reunião a um ilustre educador brasileiro, o professor Lourenço Filho, que discorreu sobre a utilidade de tal associação para influir na linguagem, educação e moralidade da literatura dirigida à infância e à juventude. O sr. Simão Weissman, da Editora Delta, sugeriu que a entidade que se propunha fundar deveria ser organizada nos moldes de uma fundação financiada pelos próprios editores. Em resultado das sugestões apresentadas, foi criada uma comis-

são destinada a definir os objetivos da associação e decidir sobre a forma jurídica a adotar.

À reunião seguinte, que teve lugar em abril do mesmo ano, compareceram o general Sílvio Walter Xavier, do Centro de Biblioteconomia, o general Propício Machado Alves, do Sindicato Nacional dos Editores de Livros, Regina Maria da Silva Monteiro, do Serviço de Biblioteconomia Estadual, Consuelo Chermont de Brito, da Biblioteca Regional de Copacabana, George Cunha Almeida, do Instituto Nacional do Livro, Simão Weissmann, da Editora Delta, José Nogueira Filho, da Associação Brasileira do Livro, Wanda Rolim Lopes, educadora, Leila Silveira Lobo, Laura Constância Sandroni e Maria Luíza Barbosa de Oliveira, da comissão organizadora.

Na reunião em apreço ficaram estabelecidos os principais objetivos da Associação:

a) incrementar a produção do livro infantil e juvenil;

b) promover estudos e pesquisas sobre todos os aspectos do livro infantil e juvenil;

c) incentivar o autor e o ilustrador de livros infantis e juvenis;

d) estimular a ampliação da rede de bibliotecas infanto-juvenis;

e) divulgar e promover o livro infantil e juvenil.

Novas reuniões foram marcadas, estabelecendo-se, finalmente, que a "entidade brasileira deveria ter as características de Fundação. Os estatutos foram elaborados em resultado dessas reuniões, assentando-se, também, que a Fundação seria dirigida por um Conselho Superior formado por representantes das entidades instituidoras da Fundação".

Em sua versão nacional, o "pacto" reuniria, portanto, de generais a representantes de categorias profissionais, de burocratas a escritores e bibliotecários, de representantes de atividades empresariais a artistas gráficos e educadores, ou seja, todos os interesses que no Brasil poderiam estar relacionados ao livro e à leitura.

Tendo, portanto, a *conciliação* como princípio político, a promoção da leitura deve, então, aparecer como um imenso jardim, coberto de flores, sem conflitos nem luta de interesses. Diz um texto do *BI* nº 14, referindo-se ao terceiro aniversário da FNLIJ:

> Era uma vez uma semente que, como todas as sementes, foi lançada ao solo e começou a germinar. Como todas as sementes é um modo de dizer. A terra tem que ser boa e os cuidados, permanentes. A semente foi lançada ao solo para dar uma árvore tão alta, tão alta que chegue ao céu, e tão frondosa que à sua sombra descansem todas as crianças do Brasil. Que seus frutos sejam tão saborosos que matem a fome de saber, de beleza e de fantasia das crianças e jovens de nossa terra. Estamos falando da Fundação Nacional do Livro Infantil e Juvenil. A plantinha ainda está pequena, mas com caule firme e ereto.

(...) A alegria das crianças recompensa os jardineiros que trabalham por esta planta ainda jovem, mas que confia na colaboração cada dia mais eficaz daqueles que sabem dar à juventude o que ela merece. Que novos jardineiros se venham incorporar a essa tarefa de amor e beleza, trazendo sua contribuição ao crescimento e vigor da Fundação Nacional do Livro Infantil e Juvenil.

Em *Alegoria e drama barroco,* W. Benjamin diz que "a alegria não é uma brincadeira técnica com imagens, mas uma forma de expressão", isto é, um modo de compreender e de representar o real. Se tomarmos o texto acima sob essa perspectiva, veremos que "a Página de aniversário" — é esse o seu título — encobre, com sua retórica, conteúdos que se dirigem todos a um mesmo lugar: a possibilidade de um fazer que escapa às contradições da história e que, portanto, viabiliza a *conciliação.*

O texto inicia-se pela velha fórmula "era uma vez". Tal como nos contos de fadas, procura-se operar um deslocamento temporal do leitor, lançando-o num tempo mítico, imemorial, pré-Babel. O deslocamento temporal é seguido imediatamente de uma delimitação espacial, através da metáfora da semente, que coloca o leitor em meio a um fértil jardim. O arquétipo dos arquétipos está reposto: o da criação e o do jardim da eterna felicidade. O universal, todavia, atualiza-se no local e permite a restauração do mito nacional da terra que "em se plantando, tudo dá": "como todas as sementes, foi lançada ao solo e começou a germinar. Como todas as sementes é um modo de dizer. A terra tem que ser boa e os cuidados, permanentes". Boa a terra é; faltam agora os cuidados permanentes, para que se cumpra o destino: oferecer frutos "tão saborosos que matem a fome de saber, de beleza e de fantasia das crianças e jovens de nossa terra" — a comunhão de todos sob a árvore-mãe que de "tão boa chega ao céu" e que de "tão frondosa, à sua sombra descansem todas as crianças do Brasil". Os guardadores do Destino são os "jardineiros que trabalham por esta planta ainda jovem, mas que confia na colaboração cada dia mais eficaz daqueles que sabem dar à juventude o que ela merece". Por isto, espera-se que "novos jardineiros se venham incorporar a essa tarefa de amor e beleza"...

Como se pode perceber, as metáforas utilizadas pelo texto remetem o leitor ao mundo natural, transformando-o em participante do jardim; exige-se dele apenas despojamento e capacidade de entrega a "essa tarefa de amor e beleza". O voluntarismo aparece, assim, como o motor da história, fato normal, uma vez que esta foi naturalizada. Além disso, transformar a história em natureza significa, aqui, retirar a problemática da leitura infanto-juvenil do campo social, remetendo-a para o pessoal e psicológico, entendendo que basta a boa vontade de cada um para vencer os desafios que a leitura de crianças e jovens coloca. De acordo com tal direcionamento, está aberto o caminho para a *conciliação,* uma vez que a boa vontade consegue dissolver satisfatoriamente todos os conflitos de interesses.

Adotar a *conciliação* em nosso país deveria ter causado algum tipo de estranhamento, sobretudo no final dos anos 60, em meio a uma enorme crise política que repercute extraordinariamente no campo cultural, provocando dissidências de todo tipo. A rigor, desde 64, com o golpe militar, muitos artistas e produtores culturais travam uma luta intensa com o aparato de Estado. No período, largas faixas de nossa intelectualidade resistem bravamente e como podem ao projeto sócio-político-econômico-cultural sustentado pelos militares e apoiado pelas classes burguesas nacionais em aliança com o capitalismo internacional.

No reino da promoção da leitura infantil e juvenil, entretanto, as coisas parecem correr sem problemas, pois o que se vê é o estabelecimento e o fortalecimento progressivo de uma aliança entre promotores culturais diversos, Estado e indústria cultural, como se estivéssemos no melhor dos mundos, ou como se a promoção pudesse ser neutra, realizável além da história.

Nesses termos, parece que poucas vezes a *conciliação* encontrou terreno tão favorável para se expandir. Em que pese o calor da hora, a promoção da leitura infantil e juvenil conseguiu a imensa proeza de resgatar o mito brasileiro do homem cordial que se acreditava morto sob as botas da repressão militar.

Porém, mais estranho que o acatamento da *conciliação* é o fato de ela não conhecer praticamente oposições e de se consolidar sem que discussões que sempre atravessam questões culturais a atingissem. As propostas da IBBY num país que, como o Brasil, trata com pouca seriedade questões educacionais e culturais dificilmente poderiam escapar à estreiteza e ao conservadorismo que costumam acompanhar iniciativas nascidas sob o signo conciliador[7]. No que se refere ao Estado, por exemplo, não é novidade o uso da promoção cultural segundo critérios meramente casuísticos e clientelísticos. Apesar disso, a *conciliação* implantou-se sem grandes resistências enquanto estratégia política de promoção da leitura infanto-juvenil, seguindo tranqüila seu caminho, recebendo cada vez mais adesões. Murmúrios discordantes, se existiram, mesmo nos anos de abertura política, raras vezes apareceram em público, permanecendo nos bastidores.

---

7. V. Michel Debrun, *A conciliação e outras estratégias.* São Paulo, Brasiliense, 1983; Luís Bresser Pereira, *Pactos políticos: do populismo à redemocratização.* São Paulo, Brasiliense, 1986.

Nesse sentido, essa força catalisadora do "pacto", essa unanimidade rara no campo cultural merece ser examinada com atenção. Afinal, não existissem denominadores comuns, a *conciliação* seria improvável face a tantas diferenças concretas entre as forças sociais vivas. E, parece, esses denominadores estão articulados no nível das crenças, das concepções que sempre envolveram o ato de ler. Foi a partir de tal resgate que o "pacto" conseguiu juntar, agrupar, somar interesses que à primeira vista seriam irreconciliáveis.

Que crenças, que concepções de leitura são essas? Eis, portanto, um levantamento a ser feito, já que novas formulações dificilmente podem surgir enquanto permanecerem intocados na cultura velhos mitos ligados ao livro e à leitura.

A LEITURA COMO METÁFORA

Os artigos publicados ao longo dos setenta números do *BI* oferecem oportunidade de contato com um processo de alimentação de mitos que de alguma forma sempre estiveram associados ao livro e à leitura[8]. Ali, muitas vezes, discussões pretensamente técnicas, mais do que se debruçarem sobre problemas concretos ligados à área do livro infanto-juvenil, operam a reatualização de imagens, de metáforas, de figuras que remetem a desejos difusos e esquecidos, mas que permanecem vivos nos subterrâneos da cultura e são reconhecíveis automaticamente sempre que retornam. Na verdade, esses discursos à primeira vista "especializados", "científicos", "objetivos", "neutros" restauram antigas esperanças ligadas ao livro, retomam a imagem-mito do livro enquanto lugar da transcendência. Diante de um mundo caótico, fragmentado, incontrolável, diante de máquinas cada vez mais possantes e ao mesmo tempo ameaçadoras, diante de riscos crescentes à cultura e à vida do espírito, o livro sobrevive como único elemento estruturado-estruturante, capaz de reaver a totalidade e a plenitude perdida. Espécie de intermediário entre o céu e a terra, enquanto objeto transitivo, o livro acena com a possibilidade de volta ao tempo anterior à queda, de esperanças de retorno a épocas situadas além dos irremediáveis.

Dados expostos no *BI* parecem confluir para observações feitas por Robine[9] sobre o escrito. Em vários artigos, temos a retomada

8. V. E. Curtius, "O livro como símbolo", in *Literatura européia e Idade Média latina.* Rio de Janeiro, I.N.L., 1957, p. 313-364.
9. Nicole Robine, "La lecture", in R. Escarpit (org.), *Le littéraire et le social.* Paris, Flammarion, 1970, p. 221-244.

de antigas crenças ligadas ao impresso, e que o livro soube canalizar para si. Diz Robine:

> Na origem, o signo escrito, símbolo mágico, destinava-se à comunicação com a divindade. Em muitas sociedades primitivas, ele guardou aliás esse papel de intermediário com os poderes ocultos. Somente uma casta privilegiada podia lê-lo ou utilizá-lo. Essa casta de padres e de feiticeiros gozava de um grande prestígio e detinha ao mesmo tempo o poder espiritual e o temporal. A partir dela vai-se desenvolver o uso do signo escrito, que permite aos membros da casta sacerdotal comunicar-se entre si e com os altos funcionários do poder temporal. No Egito, é à sombra do templo que se desenvolvem os primeiros ateliês de copistas em papiro. A célebre Biblioteca de Alexandria, freqüentada pelos sábios do mundo mediterrâneo, achava-se englobada no templo de Serápis. Foi aliás no desejo de destruir o templo que os primeiros cristãos incendiaram a biblioteca, em 391, em parte já colocada em ruínas por César.

Essa transformação mítica[10] do objeto livro em imagem da transcendência atinge não só o livro, como também a leitura e o leitor. Aquela, ao fazer parte do universo mítico, passa a ser vista como ritual, chave capaz de abrir a porta divisória entre o sagrado e o profano; o leitor, por sua vez, é ente que poderá ser levado para além do feio e mesquinho mundo dos homens, capaz de recuperar a glória e de voltar ao seio da divindade por meio da celebração ritualística — a leitura.

Nesses termos, o ato de ler guarda sempre significados que estão além dele, transforma-se em metáfora que alimenta desejos ancestrais que a humanidade sempre perseguiu, mesmo se em vão. Em várias culturas, em várias épocas, ele foi promessa de revelação, de superação final da precariedade imposta como condição. Através do livro e da leitura, a humanidade pode divinizar-se, homens e mulheres podem ser deuses, porque imantados pelas verdades expostas nas escrituras.

Desse modo, restaurando metáforas que povoam o imaginário, o "pacto" articula consensos em torno de suas ações, suprimindo diferenças que de outro modo tornariam inviável a política de "conciliação" que o sustenta. Manejando o universo simbólico com tintas que falam diretamente a zonas não sujeitas a controle atento, se autoriza e se insinua como "lugar" para onde todas as energias po-

---

10. "O que o mundo fornece ao mito é um real histórico definido, por mais longe que seja preciso remontar, pelo modo pelo qual os homens o produziram ou utilizaram; e o que o mito restitui é uma imagem 'natural' desse real." Roland Barthes, *Mytologies*. Paris, Seuil, 1957, p. 230.

dem e devem ser dirigidas. Mítico, ritualístico, totêmico, esse "lugar" é capaz de acolher todos os do clã, subtraindo da celebração diferenças profanas nascidas da concupiscência.

A eternidade

Vencer o tempo, a morte foi sempre motivo de especulação do espírito humano. Tratado de diversos modos, o tema nunca deixou de se repetir nas escrituras religiosas, nas mitologias, nas artes, nas cosmogonias, nos sistemas filosóficos. Objeto das mais diferentes interpretações, foi questão insistentemente refeita, dada a precariedade das respostas. O tempo não se rende e continua sendo o lugar da perda irreparável.

Denominador verdadeiramente comum num mundo de diferenças assustadoras, poderia ser consolo. Mas não é. Sua justiça tem o nome mais duro — morte. A reparação, a bem dizer, não é reparação. O injustiçado não fica livre da pena. O tempo é tratado como algoz também.

Inexorável, o tempo tece em suas malhas a imagem de nossa condição: a precariedade, a finitude, a impotência ontológica. Sendo o tempo irredutível, as rebeldias revelam-se inúteis, murros em ponta de faca. Os desesperos são declarações prévias de derrota, reverências à insensibilidade do todo-poderoso Cronos.

Mas, não sabemos por que, as esperanças sempre retornam, pouco importando os malogros: vencer o tempo, igualar-se aos deuses imortais, é esse o desejo de culturas como a nossa, que banalizam ou tentam fechar os olhos à fatalidade da morte, que acumulam riquezas comercializando acintosamente o mito da eterna juventude, fazendo crer na possibilidade humana de tudo reparar, de tudo controlar, de eliminação total do acaso. É difícil em nosso mundo aceitar os limites de ser apenas humano. A *ratio* científica e tecnológica nos conduziu à ilusão do controle final sobre a natureza, da completa negação da mecânica do mundo. Nos novos tempos o antropocentrismo transformou-se em religião.

O "pacto" atua sobre dificuldades como essa, acenando com esperanças de vitória sobre o tempo, com um mundo sobre-humano, povoado de seres eternos. "O homem sem o livro fica desprovido de outra forma de eternidade plena", diz um artigo dos *BI* n.ºs 30-31. "A adulteração da estrutura bibliográfica", continua, "que é a substituição progressiva e até inútil da palavra pela imagem, representa forma de autodestruição do próprio homem. O acúmulo de conhecimento humano, os objetivos alcançados pela inteligência, o aperfeiçoamento da sensibilidade, o aproveitamento da experiência passada, o testemunho das mais altas criações do espírito humano, unicamente o livro, como entidade total, pode expressar. *E terá de ser um livro que o homem deixará — um livro, na forma adotada até agora —, caso tencione permanecer lembrado. Por outras palavras, quando chegar o momento de entregar seu testemunho ao homem do futuro''.* (grifos nossos)

O fragmento dá idéia das operações colocadas em movimento pelos ativadores do ''pacto''. O processo de criação do mito, tal qual o descreve Barthes em seu *Mitologias,* está aí presente, ao se transformar o objeto concreto livro em *imagem,* em *palavra* — ''O mito é uma palavra''. Ao mesmo tempo, ao se desmaterializar, o livro deixa de ser objeto cultural, historicamente limitado. O que está em causa é um *valor,* uma *imagem* que o autor busca universalizar. No mito, é Barthes ainda quem o diz, a história enche-se de natureza, pois a ''função do mito é evacuar o real''.

Colocado o livro no espaço dos objetos sem história, ou seja, recolocado no espaço mágico que tradicionalmente ocupou e de onde saiu por força de modernizações ''ameaçadoras''. (o livro está ameaçado na sua estrutura como em seu aspecto físico), passa-se à outra das operações da criação de mitos: o estabelecimento de significados de interesse ao significante (livro). No caso, interessa associar livro à eternização, à superação do tempo e da morte. Interessa retomar significações ligadas ao livro que estariam em declínio na cultura e reafirmá-las, como se viu no fragmento citado.

Nesse sentido, dado este aspecto de resgate de significados já em circulação, talvez se possa falar menos em criação de mito que em recuperação. Apesar disso, há um aspecto novo do momento presente: a tentativa de opor o livro a outras formas de comunicação e de isolá-lo como objeto mítico exclusivo, como ''expressão única do espírito humano [já que] entidade total'', sem concorrentes.

Evidentemente, tal postura é excesso e precaução que resultam de discussões iniciadas em épocas não muito distantes — e que parecem ainda não esgotadas — entre partidários do impresso, de um lado, e partidários da imagem, de outro. Somente acirradas disputas entre as partes poderiam levar a uma afirmação tão peremptória. Em todo caso, a polarização parece ter outro papel, mais relevante que o avanço sobre o adversário: trata-se de convencer novos parceiros, adeptos potenciais da leitura que possam dela afastar-se, tentados e seduzidos pelos apelos da imagem e seus veículos, em especial a televisão.

Resgatando, reafirmando, reescrevendo metáforas, o ''pacto'' procura, assim, impor-se como caminho seguro e exclusivo para se obter a graça da eternidade, a vitória sobre a morte. Segundo ela, só a cultura livresca é capaz de vencer o adversário fatal. Por isso, ela é superior — e o tempo pode deixar de ser angústia.

A magia

Um artigo do *BI* n.º 39, intitulado "Projeção, identificação e participação crítica", procura mostrar como a "leitura de ficção pode contribuir tanto para o desenvolvimento de nossa compreensão crítica do mundo como para nossa participação nas tarefas da vida". Entre outras coisas, seu autor afirma que a função dos primeiros livros de figuras é "provocar a recordação de experiências básicas significativas com o mundo circundante, recordações experimentadas junto com os pais, que as intensificam e ampliam enquanto dão o sentimento de absoluta segurança em face do mundo externo". Como, todavia, "a vida é um fluir, uma passagem, uma contínua emancipação, crescer significa deixar para trás não apenas sapatos usados, mas também sentimentos emocionais obsoletos, bem como ir prescindindo do calor e do abrigo do ninho. Crescer significa ser empurrado para dentro dos conflitos". E é isto que farão os livros e a leitura: permitir o crescimento, vencer emoções "obsoletas", como desejar o aconchego do ninho.

O texto chama a atenção por várias razões. Em especial, pela concepção do ser humano e do mundo revelada. Enquanto crianças, na companhia dos pais, somos fortes, seguros de nós mesmos, inatingíveis. O mundo externo é uma ficção, incapaz de furar as muralhas familiares. Ao crescermos, ao contrário, passamos ao outro lado do espelho. Abandonados à própria sorte, somos atirados para dentro dos conflitos, tornando-nos presas fáceis, caso não estejamos preparados para enfrentá-los por nossa conta e risco. O adulto vive sem proteção. Ora, tomar a presença dos pais como sinônimo de muralha intransponível contra perigos externos é, sem dúvida, exagerar o papel das relações familiares enquanto fonte unívoca de segurança para a criança, sem contar o fato de que a afirmação traz implícito um certo modelo de família tido como universal. Além disso, tomar "emancipação" no sentido de existência sem amparo nem sustentação de grupos diversos é igualmente tomar como universais o individualismo e a competição crescentes de nossa cultura. Etnocêntrico, o raciocínio estende o culto da privacidade, o isolamento exacerbado da vida burguesa a todos os tempos e espaços, naturalizando-os como se não fossem produtos históricos.

Em decorrência disso, dado que o isolamento é fato natural, não nos resta senão "ser empurrados para dentro dos conflitos", deixando "para trás sapatos usados, sentimentos emocionais obsoletos", como o medo primordial face aos perigos do mundo. Ao proporcionar a "contínua emancipação", a leitura ajudará na adaptação a esse estado de abandono social, livrando-nos dos medos irracionais, das forças ancestrais que teimam em subsistir na memória, apesar de "obsoletas". Em outras palavras, viver só, desamparado, não é problema na — e da — civilização letrada, posto que, através da leitura, os homens são capazes não só de reelaborar, mas sobretudo de dominar definitivamente os fantasmas internos que desde sempre o amedrontam.

Essa posição parece dar razão a Horhkeimer e Adorno. Para eles, "o Iluminismo, no sentido mais abrangente de um pensar que faz progressos, perseguiu o objetivo de livrar os homens do meio e de fazer deles senhores. Mas, completamente iluminada, a terra resplandece sob o signo do infortúnio triunfal. O programa do Iluminismo era livrar o mundo do feitiço. Sua pretensão, a de dissolver os mitos e anular a imaginação, por meio do saber"[11].

Sem dúvida, o "pacto" faz um resgate iluminista da leitura, apresentando-a como o instrumento perfeito, necessário ao projeto de fazer dos homens deuses capazes de superar de uma vez por todas "sentimentos obsoletos". Como nossa vida é uma sucessão de etapas, de progressos que nos fazem esquecer dúvidas, incertezas, insucessos, experiências passadas que não interessam ao presente, é possível, pelo conhecimento que a leitura traz, triunfar sobre o abismo: "porque somos 'adultos', o que constitui uma suposição de que sofremos com sucesso o processo de maturação, devemos estar cônscios dos abismos ao longo do caminho e conscientemente lutar para evitá-los".

Numa cultura arrogante e cheia de si como a nossa, é difícil recusar o convite. Afinal, o medo pode enfim ser submetido. A consciência dos abismos suprime os abismos. O saber triunfa sobre os afetos e a leitura torna-se magia.

O poder

Um artigo dos *BI* n.os 30 e 31, já referido antes, termina com um apelo exemplar à redenção do livro:

---

11. Max Horhkeimer e Theodor Adorno, "Conceito de Iluminismo", in Walter Benjamin e outros, *Textos escolhidos*. São Paulo, Abril Cultural, 1975, p. 97 (Os Pensadores).

> Redimir o livro, livrá-lo de impurezas. Separá-lo da feia derivação mercantil. Devolver-lhe a louçania. Fortalecer seu antigo poder. (...) Redimir o livro significa, finalmente, repetir e instrumentar as magistrais palavras de José Marti: (...) Dantes, tudo se resolvia com os punhos; agora a força está no conhecimento, mais que nos murros; mas sempre é bom aprender a se defender, pois há sempre perversos no mundo e porque a força dá saúde, e é preciso estar pronto para a luta, quando um povo conquistador nos queira dominar. Como vêem, em última instância o resgate do livro conduz ao resgate da própria nacionalidade, que, na América Latina, junto com a cultura, é o supremo valor ameaçado.

Duas ordens de valores parecem implicadas no fragmento. Em primeiro lugar, a negação de caráter moral — "feia derivação mercantil" — das condições em que se dão atualmente a produção, circulação e consumo do livro. Em segundo, e como conseqüência da negação, o regresso à antiga situação, "ao antigo poder". E isto porque "agora a força está no conhecimento, mais que nos murros", e "o resgate do livro conduz ao resgate da própria nacionalidade" na América Latina.

Regressar no sentido empregado é concentrar forças contra o "outro", fonte permanente de perigos que justificam a preparação de guerreiros. O resgate do livro apresenta-se como guerra santa que livrará a nação latino-americana do incêndio provocado por "perversos" de toda espécie que desejam dominá-la. Utensílio superior, o livro reequilibra forças, transformando todos em guerreiros meramente defensivos, sem disposição para conquistar e subjugar o "outro", ou para deixar-se conquistar e subjugar.

Nesse sentido, o discurso reativa esperanças de equilíbrio de forças numa humanidade tão desigual e desalentada diante do despotismo. Ele aponta para o resgate de um tempo que teria existido antes das dominações e que finalmente poderá retornar pela repartição equilibrada de leituras. Com suas promessas, o "pacto" associa a leitura a sonhos profundos e eternos de um mundo sem confrontos, violências ou tiranias, onde o poder equitativamente repartido transforma-se em não-poder, em eliminação do perigo permanente da destruição e da guerra. As promessas do "pacto" preparam os espíritos para viverem permanentemente em estado de festa. Daí ser tão difícil resistir a ele.

A festa

Desde suas origens, o "pacto" acreditou na compreensão internacional através dos livros. A festa utópica, o congraçamento universal pela leitura está na base das ações promocionais. Estendida a todas as partes do mundo, a cultura letrada conseguirá restituir tempos pré-babélicos, quando uma linguagem comum permitia o entendimento de todos os homens.

Um texto da UNESCO, publicado no *BI* nº 45, é claro e direto:

> para remediar a falta e a insuficiência de livros, os países em desenvolvimento concentraram seus esforços, nestes últimos anos, na criação e consolidação das editoras nacionais, o que deveria lhes permitir, em particular, produzir livros que refletissem verdadeiramente os valores e as aspirações de suas crianças e ajudassem-nas a descobrir seu próprio meio sócio-cultural. Sem procurar se isolar por este comportamento, eles esperam estar em posição de afirmar sua identidade cultural e participar, num plano de igualdade, do diálogo cultural mundial entre as nações. As crianças relativamente protegidas dos países desenvolvidos podem aprender, por esses livros e pela literatura específica publicada no seu próprio país, que é possível para as pessoas de meios sócio-econômicos diferentes viverem juntas graças a um conhecimento mútuo mais profundo.
>
> Na realidade, numa época em que nações se tornam cada vez mais interdependentes, e ligadas por interesses comuns, é desejável que uma literatura para jovens abra caminho a uma cooperação e a uma compreensão internacionais, familiarizando as crianças, de não importa que país, com narrativas, lendas, costumes e estilos de vida, história e geografia de outros países do mundo, quer eles sejam próximos ou afastados. Os livros infantis podem, incitando um espírito de admiração, de imaginação e de jogo, contribuir muito para a compreensão entre povos e raças, o que não pode conseguir talvez uma ação bem-intencionada por parte dos adultos.

Como se vê, o texto é um convite explícito para a grande festa internacional, interclassista, intercultural. Se reconhece diferenças entre crianças, provenientes de desigualdades sócio-econômicas, reconhece também que o saber é capaz de igualar a todos numa confraria infantil internacional que promove festas das quais só não participa quem não quer.

Em tais condições, o livro é caminho para apagar distinções e cancelar diferenças que a divisão internacional do trabalho gerou e mantém, mesmo se escondidas sob o lamê e o veludo da cultura em dia de festa. Atendendo ao convite de animados e especializados festeiros culturais, teremos os homens reunidos e redimidos na mesma e única celebração. Ler, promover a leitura é, em decorrência, tarefa messiânica que conduz os homens ao caminho do mesmo templo, onde se comemoram, com rituais ecumênicos, graças e felicidades finalmente alcançadas através do livro e da leitura. Os homens nascidos sob a nova condição do trabalho são superiores a todos os seus antepassados, pois já não se importam com diferenças e falam todos o mesmo idioma. O mundo é melhor do que sempre foi, o conhecimento apagou o ódio e a cobiça do coração dos homens.

Superior, a cultura contemporânea será capaz de realizar a façanha da festa universal. Igualadas pelo consumo cultural, no futuro, crianças de todo o mundo poderão se conhecer, conseguindo desta forma ultrapassar barreiras impostas pela falta de livros comuns. As diferenças só existirão no imaginário, e as utopias igualitaristas que permitem todas as convivências serão o próprio real. Sem relações de produção, mas apenas com festas, confraternizações. Afinal, estas só dependem da possibilidade de todos compartilharem as mesmas leituras.

A revelação

O "pacto" promete realizar o maior e único desejo: o mundo sem sombras nem mistérios, a revelação.

No nº 37, o *BI* publicou um artigo intitulado "O maravilhoso na literatura para a juventude na era da tecnologia". Segundo seu autor,

> decretar que o desconhecido por definição "não pode ser conhecido" e é portanto inacessível a uma diligência racional, é desarmar mais ainda as jovens gerações diante dos erros gigantescos que as esperam. É preconizar, em literatura, uma tentativa do espírito que corresponde àquela que atira os jovens de hoje nos braços das seitas, seu orientalismo de pacotilha e seu misticismo debilitante. (...) Como o maravilhoso dos mitos, das lendas e dos contos antigos, o maravilhoso moderno pode também servir de alerta e ajudar a compreender que o futuro do homem continua aberto e que ele pode ser domado...

Promessas idênticas de revelação apareceram também num artigo do *BI* nº 6:

> Os mitos são contos que tiraram da perplexidade os homens da era pré-científica. Hoje levam apoio e conforto ao espírito da criança que ainda não sabe formular seus problemas existenciais. Toda a angústia encerrada no pequeno ser que indaga e teme pode ser reduzida a nada por meio de uma estória simbólica bem estruturada.

Como se vê, o discurso promete revelações capazes de "reduzir a angústia a nada", de "domar" o futuro do homem. Para os autores dos textos, o labirinto pode ser vencido com imagens, com palavras que ignoram sua condição de signo, mediação entre o sujeito e o objeto. Os signos inscritos nos livros seriam capazes de conduzir à revelação e à verdade, e não simplesmente a novos signos. A leitura é chave que dissolve mistérios e poderá estar ao alcance de todos aqueles que o "pacto" atingir. A iluminação acha-se à disposição, em qualquer livraria de subúrbio. Basta que se garanta bom preço e fácil acesso e todos terão à mão os sagrados mistérios. Folhear livros é livrar-se do castigo paterno, da interdição, das emboscadas dos labirintos; é reaver as coisas em seu estado puro, livre dos signos.

Nesses termos, o "pacto" reacende desejos cuidadosamente guardados, mas nunca esquecidos. Ele tenta fazer acreditar que, através dos nomes, conseguiremos escapar finalmente dos nomes. Por isso, propõe a palavra como solução e não como rima, ao modo de Drummond. A grande feira da cultura espera que tomemos a sério os signos, que tomemos a versão pelo fato. Com isso, chegamos ao fim dos labirintos, à transparência do mundo, à vitória sobre o segredo imposto pelo pai.

Em tais circunstâncias, o discurso promocional, apesar do messianismo que encerra, é profundamente profano, na medida em que suprime a interdição prometendo a possibilidade de eliminação total dos escuros, a revelação final.

Mas o "pacto" não cria. Através de suas metáforas, acaricia desejos, dissolvendo-os em si mesmos, com o consentimento geral. Ele é espelho, projeção, materialização de anseios difusos que buscam se realizar. Assim, cada livro na mão de um menino ou menina pode aparecer como possibilidade de um mundo finalmente revelado, sem mediações nem segredos. Cada novo livro aberto é promessa de reaver as coisas em estado bruto, libertas do nome, castigo implacável de pai irado e egoísta que não divide o mistério. Cada livro aberto é esperança de recuperar, de resgatar, de reaver a verdade perdida. Cada gesto de leitura é expectativa da última leitura, de desnudamento total das carnes do mundo. A revelação nos purifica e livra da mancha inicial. Podemos voltar a ser deuses.

É difícil resistir ao convite e se convencer de que a leitura, apesar de suas virtudes, não pode ser "outorgada".

A LEITURA OUTORGADA: DO FILANTROPISMO "INGÊNUO" AO FILANTROPISMO "COMPETENTE"[12]

Estabelecendo um rápido panorama histórico da promoção da leitura, em *A fome de ler*[13], Escarpit afirma que foram piedosos filantropos os primeiros a se ocupar dela, animados

> pelas idéias filantrópicas nascidas no movimento metodista, da revolução americana e da revolução francesa. No decorrer da primeira metade do século XIX, assistimos à abertura de bibliotecas públicas nas principais cidades da Europa e dos Estados Unidos. Elas eram sustentadas pela iniciativa privada e eram em geral pagas, o que limitava sua clientela às classes mais abastadas da pequena burguesia. As classes médias e superiores compravam seus livros.

Todavia, prossegue Escarpit,

> a redução do preço dos livros, devida à industrialização da sociedade e sobretudo à irrupção da imprensa a preço reduzido, marcou o declínio deste tipo de biblioteca, ao mesmo tempo que alimentou nos espíritos a idéia de que a leitura devia ser considerada um serviço público.

Em decorrência disso, desde 1849, em New Hampshire, um imposto local permitia manter bibliotecas gratuitas, embora o Reino Unido tenha sido

---

12. "Competente" é tomado aqui no sentido que M. Chauí empresta ao termo no ensaio "O discurso competente", in *Cultura e democracia*. São Paulo, Moderna, 1981, p. 3-13.
13. Ronald E. Barker, Robert Escarpit, *La faim de lire*. Paris, P.U.F., 1973, p. 113-141.

o primeiro país a votar, em 1850, um texto legislativo prevendo o financiamento de bibliotecas com fundos públicos. Em 1852, abriu-se a Biblioteca Pública de Manchester e, em 1854, a Biblioteca Pública de Boston, que seria uma das primeiras do mundo a possuir, em 1885, seu próprio prédio, adaptado às necessidades específicas da leitura pública. Em 1862, seguindo o exemplo americano, o governo imperial francês decidiu que cada escola seria dotada de uma biblioteca escolar. Ao mesmo tempo, os movimentos democráticos, conscientes da importância da leitura para o triunfo de suas idéias, abriam em todas as partes bibliotecas populares.

Desse movimento geral dos países desenvolvidos resultou que,

salvo nos Estados Unidos da América e no Reino Unido — onde as bibliotecas municipais, em grande parte graças a Andrew Carnegie, tomavam uma extensão considerável —, essas iniciativas não apresentaram imediatamente os resultados esperados por seus promotores. Os progressos foram lentos, e em numerosos casos verificaram-se insucessos ou degradações traduzidas particularmente pelo envelhecimento dos acervos da biblioteca ou pela redução do número de leitores.

As principais razões disso foram as seguintes:

de um lado, os promotores não eram senão uma minoria de entusiastas, sem raízes suficientes nas massas populares, e, de outro, seus zelos didáticos os fechavam num dilema, ou divulgar livros que não correspondiam a seus ideais e às suas exigências de qualidade, ou afastar deles os leitores cuja motivação principal era a diversão.

A conclusão tirada por Escarpit é que

essas dificuldades ilustram bem o fato de que a leitura não pode ser outorgada, isto é, implantada arbitrariamente em uma sociedade que não possui as estruturas de base para acolhê-la e nem uma política sóciocultural de conjunto que crie as condições necessárias a seu desenvolvimento.

É por isso, continua ele, que

na maioria dos países tais condições não se realizaram em parte senão por volta de 1935, precisamente no momento (e a coincidência não é fortuita) em que a evolução da sociedade industrial permitia o aparecimento do livro de massa. É sobretudo a partir de 1945 que em todas as partes do mundo se desenvolve a organização da leitura pública, seja segundo o modelo anglo-saxônico, seja segundo fórmulas novas, notadamente nos países socialistas.

Se tal referência temporal pode em parte ser válida também para o Brasil — em 1937 foi criado o Instituto Nacional do Livro, órgão destinado a estimular políticas editoriais e serviços bibliotecários que devem estar na base de projetos nacionais de promoção da leitura —, de outro lado parece que ela diz respeito a realidades que caminharam de forma oposta à nossa. Aqui, a leitura pública viveu praticamente sempre de iniciativas isoladas e localizadas. No que se refere a faixas infanto-juvenis, tivemos pouco mais que a criação de bibliotecas infantis em alguns centros urbanos, situação incapaz de alterar de forma significativa nosso quadro de leitura. O próprio Instituto Nacional do Livro, desde sua criação, foi órgão quase sempre ornamental, sem condições de realizar uma política efetiva para o livro e a leitura.

Surgindo para ocupar esse espaço vazio de políticas públicas de leitura, a FNLIJ se inscreveria, pois, nesse quadro de preocupações com a organização do ato de ler em várias partes do mundo, e que teria começado a se estruturar em novos moldes no pós-guerra. Não contando, porém, com "estruturas de base", nem se inscrevendo tampouco numa "política sócio-cultural de conjunto" capaz de criar as "condições necessárias ao desenvolvimento da leitura", o "pacto" nacional que a FNLIJ procurará assumir e estimular tomará o filantropismo como princípio de ação cultural, o que significa dizer que promoverá a leitura como comportamento que pode ser "outorgado" às massas, em que pese muitas vezes a tentativa do discurso em negar tal direção.

Ora, para fugir efetivamente dela, o "pacto" teria que ter repensado o papel da leitura de crianças e jovens num país com condições culturais como o nosso; teria que ter redimensionado os problemas culturais que afetaram a infância durante o processo de redefinição do capitalismo no país. Desse modo, as ações talvez pudessem ter escapado ao assistencialismo filantrópico, colocando-o em questão enquanto princípio capaz de responder à "crise da leitura" em países periféricos.

Como se negasse, porém, a tais reflexões, o "pacto" não conseguiu ultrapassar os limites das ações assistenciais, embora tenha promovido a atualização do filantropismo, a fim de ajustá-lo aos vagos ideais de democracia cultural de nossos tempos. Com efeito, através do *BI*, é possível detectarmos uma evolução nas concepções filantrópicas. Durante os anos 70, estas estariam deixando de ser "ingênuas" para se tornarem "competentes", impondo novos padrões ao distributivismo assistencialista.

Contudo, a evolução do filantropismo não alterou seu fundamento básico, o da leitura compreendida enquanto comportamento que pode ser "outorgado". Em muitas de suas páginas, o *BI* expressa a permanência dessa compreensão, seja tratando a promoção de forma “ingênua”, seja tratando-a de forma “competente”. Em ambos os casos, seu discurso evidencia vínculos consistentes com compromissos assistencialistas que se recusam a tomar as questões nas origens, por acreditar na possibilidade de vencer problemas atropelando-os.

Assim, depoimentos como os estampados no *BI* nº 8, referentes às comemorações do Dia Internacional do Livro Infantil do ano de 1970, revelam os níveis atingidos pela compreensão “ingênua”. Com o título “Leia uma estória a uma criança doente”, os relatos de alunos de um curso de magistério que trabalharam sob a orientação de uma professora em atividades estimuladas pela FNLIJ, dizem coisas do tipo:

> As senhoras da diretoria do hospital nos receberam amavelmente, e logo depois nos dividimos em grupos de duas para cada enfermaria. Algumas moças ficaram um pouco apreensivas devido ao estado de algumas crianças...
>
> Contamos várias estórias e notamos o interesse das crianças que nos ouviam. Elas perguntavam sobre cada personagem, mostrando às vezes sua emoção incontida...
>
> Realmente é imenso o valor da estória!
>
> No Asilo Isabel tivemos as mesmas alegrias contando estórias e distribuindo livros!

O relato referente a outras atividades desenvolvidas na Casa de Saúde Saint Roman, de crianças retardadas, não apresenta tom diferente. Apenas mais dramático pelas condições do próprio grupo objeto do evento assistencialista e fortuito:

> Lá chegando encontramos 45 crianças divididas em dois grupos: o primeiro composto de crianças de 8 a 16 anos (adolescentes). Ao contarmos as estórias houve total participação, inclusive as crianças pedindo que contássemos mais, mais e mais.
>
> O segundo grupo foi um trabalho um pouco mais difícil, pois eram crianças que não tinham fixação (?). Mas para espanto de todos, ficaram quietas e pararam para ouvir. Chegando mesmo a pedirem para que desenhássemos no quadro-negro as estórias que estavam sendo contadas. Um menino de sete anos com alto grau de esquizofrenia, no meio do trabalho, descobriu que tinha as mãos e que batendo-as produziria barulho. Esta descoberta, que para nós parece tão insignificante, para a orientadora foi um grande passo obtido através da estória.

No mesmo sentido caminha outro relato:

> Ficamos somente no último andar por haver crianças com sérios defeitos (*sic*), dificultando a seleção de estórias.

> São quatro enfermarias num total de 32 crianças. Durante todo o tempo que lá estivemos contamos estórias especialmente selecionadas, colocamos discos, cantamos com elas e distribuímos pirulitos; o que nos impressionou foi a receptividade e a compreensão que tivemos por parte de enfermeiras e médicos... Distribuímos ainda livros de estórias para as crianças e aproveitamos a oportunidade para tirar fotografias.

O texto sobre as comemorações do Dia Internacional do Livro termina com um comentário da redação do *BI* sobre os relatórios e os resultados da campanha que promoveu. Nele, são ressaltados termos como "boa vontade", "amor", "entusiasmo", que no contexto significam compreensão da ação cultural enquanto processo de exibição de virtudes dos agentes culturais, independentemente do significado sócio-cultural de suas ações, como reza o figurino do melhor filantropismo "ingênuo":

> Conforme se vê por todos esses depoimentos, o Dia Internacional do Livro Infantil foi este ano bastante comemorado por todo o Brasil. Graças à boa vontade daqueles que acolheram a nossa sugestão com amor e entusiasmo e se decidiram a colaborar conosco nessa promoção internacional...

O *BI* dá ainda outros exemplos de receptividade ao filantropismo "ingênuo" e suas premissas. No nº 11, ao relatar sua longa experiência, um profissional ligado à promoção da leitura diz que

> comoveu-nos, já há algum tempo, quando uma jovem de condições modestas, tendo concluído o curso primário, pediu-nos com insistência que lhe possibilitássemos um meio de poder continuar os estudos, de que tanto gostava. Contou-nos ela, como outros tantos casos iguais, as dificuldades financeiras da família, as lutas dos pais, as privações por que passavam, como nos fez sentir, também, o seu amor aos livros e à escola. Está fora de dúvida que não poderíamos dizer não a esta menina, como não diríamos a ninguém que nos procurasse nessas mesmas circunstâncias. Prometemos tudo à jovem, e hoje sabemos que ela é uma das primeiras alunas do estabelecimento em que estuda e que sobre ela converge toda a admiração dos mestres e dos colegas.

À parte considerações sobre a visão assistencialista e salvacionista implicada em falas como esta, salta aos olhos seu caráter paternalista. Paternalismo que faz do filantropo o centro do processo cultural — o Pai — e, daqueles que por ele são assistidos, objetos de ação que devem reverenciar para sempre o agenciador que lhes permitiu aceder às graças da cultura.

"Quem lhe escreve esta carta é uma de suas inúmeras admiradoras. Não se admire se lhe disser que tenho inveja das crianças do bairro onde funciona a biblioteca infantil. Por que essa inveja?, a senhora dirá...

Eu lhe conto. Freqüentei um grupo escolar, do qual saí no ano passado. Este grupo, que é um dos maiores da capital, com mais de dois mil alunos, tem professoras dedicadas, e, das que eu tive, não sei qual a melhor. Eu era atrasada porque tinha horror à leitura de livros em que devia estudar. Mas agora a senhora vai ficar de boca aberta: imagine que havia ali uma biblioteca com uns quinhentos volumes, em dois armários envidraçados, muito bonitos. Eu ficava com água na boca quando olhava para aqueles livros tão bonitos de histórias, de viagens. Diziam que não estava inaugurada a biblioteca! É incrível que aqueles livros estejam apenas enfeitando a sala dos professores. Eu sou pobre, não posso comprar livros e espero que minha irmãzinha que vai entrar no grupo no próximo ano tenha mais sorte do que eu, graças à atenção que a senhora der às minhas pobres queixas e às providências que certamente há de tomar."

Outra carta confortadora:

"Se tomo a liberdade de lhe escrever a presente, é para agradecer, embora tardiamente, o que de bom, saudável e útil ensinou-me a Biblioteca Infantil, no período em que a freqüentei.

(...) Quanto a esquecer-me da biblioteca, creio ser impossível.

Será possível ao homem, por mais bárbaro e mesquinho que seja, por mais embrutecido que se torne o seu cérebro e por mais empedernido que se ache o seu coração, esquecer a fonte que lhe matou a sede ou a jangada que o salvou do naufrágio?

(...) Vou lhe dar uma notícia. Estou noivo e caso-me no fim do mês de outubro. Minha noiva é a professora da vila.

(...) Desculpe-me se estou lhe tomando seu tempo precioso, mas falo de todo coração, e é um conforto para mim saber que vai ler, compreender e desculpar esta carta."

Talvez, essas cartas, na ingenuidade que lhes é própria, expressem o verdadeiro centro da questão da ação cultural de caráter filantrópico. Em ambas, o sujeito do discurso, o sujeito histórico, é sempre o *outro*, ou seja, o *eu-filantrópico*. Tudo nelas gira em torno desse *eu* onipotente e onipresente, capaz de solucionar problemas gerados pela fratura de classes. Amigo, conselheiro, confidente, paternal, o *eu-filantrópico* toma a história para si, tornando-se o redentor dos *humildes*. O destino está em suas mãos: "Desculpe-me se estou lhe tomando seu tempo precioso... é um conforto para mim saber (...) que vai desculpar esta carta". Voltada sobre si mesma, a ação filantrópica, como lembra Escarpit *outorga* a leitura, tentando abstrair do ato de ler as condições existenciais concretas do leitor. Por outro lado, ao agir, o filantropo oferece consolo, mas esconde consigo os meios de ação. Ele é o verdadeiro ator social. Ou pensa ser...

Se o filantropismo "ingênuo" perpassou discursos e práticas incentivados e/ou realizados pela FNLIJ da "primeira fase" — quando "tudo era artesanal e não-remunerado e se vivia a custo de muito idealismo e boa vontade"—, a "fase profissional" que se seguiu a 1974 iria corresponder a novas formas de conceber o distributivismo filantrópico no país. Na verdade, considerando-se a própria criação da FNLIJ, a impressão que se tem é que, a partir dos anos 70, uma nova tendência no trato das questões relativas à leitura infanto-juvenil começa a se esboçar e a se consolidar entre nós. O filantropismo "ingênuo", apesar de resistir enquanto concepção norteadora de várias iniciativas de incentivo à leitura, dá mostras de que não poderá mais responder às necessidades de um tempo em que, bem ou mal, as massas vão emergindo no país enquanto força histórica. Dadas as novas realidades, o personalismo emotivo dos piedosos filantropos "ingênuos" já não poderá dar o tom a ações mais ambiciosas, uma vez que estas necessitam de instrumentos nascidos de outra ordem — a da racionalidade e da impessoalidade técnica.

Nessas circunstâncias, Estado e facções das elites que atuam em organismos da sociedade civil como a FNLIJ serão obrigados a corrigir os caminhos do distributivismo cultural até então adotados, propor novas formas de distribuição e consumo de leitura, reciclar as formas do filantropismo, se quiserem responder com um mínimo de eficácia às demandas da sociedade brasileira. Enquanto ler foi compreendido como prerrogativa exclusiva de uma classe social, bastou distribuir sobras de festa aos excluídos mais afoitos. Porém, num momento em que a leitura aparece como comportamento a ser difundido em massa, a distribuição deve obedecer necessariamente a novos parâmetros, deve comportar-se de forma diversa da que se adotou tradicionalmente. Em outras palavras, o filantropismo "ingênuo" entra em crise nos anos 70, a fim de permitir a emergência do neofilantropismo, ou a permanência do assistencialismo cultural na promoção da leitura infanto-juvenil.

As intenções do Estado brasileiro de modernizar sua atuação nas áreas culturais podem ser atestadas pelo que Sérgio Micelli chamou de "processo de construção institucional", ocorrido nos anos 70. Referindo-se à gestão Ney Braga (1974-1978) no Ministério de Educação e Cultura, Micelli afirma que o período "também se singularizou por haver ultimado e implantado o primeiro plano abrangente em condições de nortear a presença governamental na área cultural, a chamada Política Nacional de Cultura (1975). A importância político-institucional desse 'ideário de conduta' — continua Micelli —, consistiu sobretudo no fato de haver logrado inserir o domínio da produção cultural entre as metas da política de desenvolvimento social do governo Geisel. Foi a única vez na história republicana que o governo formalizou um conjunto de diretrizes para orientar suas atividades na área cultural''[14].

Essa preocupação modernizante, com o estabelecimento de políticas de cultura pelo Estado, chega também à área do livro e está exposta num documento intitulado ''Uma política integrada do livro para um país em processo de desenvolvimento'', encomendado pelo governo militar, através de seu ministro Ney Braga, ao Sindicato Nacional dos Editores de Livros e à Câmara Brasileira do Livro.

Segundo os articuladores do texto, teria havido uma fase heróica da indústria do livro, momento em que prevaleceram iniciativas isoladas, sem articulação ou organicidade. Mas, a partir dos 70, deveria imperar outro espírito, o de ''uma política integrada do livro'', coordenada pelo Estado em consonância com os interesses e as possibilidades da indústria editorial. Por isso, ''nada do que se fez anteriormente tem paralelo com a iniciativa de formulação de uma política integrada do livro, medida destinada a constituir-se em marco divisor entre dois períodos distintos: o primeiro, em que autores, editores e livreiros lutavam isolados para a superação de dificuldades estruturais ou conjunturais e para a consecução de objetivos consentâneos com as necessidades do país, e o segundo, em que a indústria do livro se desenvolverá englobadamente com outros setores, com o governo dando-lhe apoio e estímulo na arrancada decisiva, iniciativa que, assim, está destinada a figurar destacadamente na história da cultura no Brasil, num momento em que tantas nações, também conscientes da importância da questão, têm ou estão ativamente elaborando legislação específica para o livro produzido dentro de suas fronteiras''[15].

Como se vê, há no país uma consciência explícita da necessidade de um modo novo de se organizar as questões do livro. À fase das ''iniciativas isoladas'' deve suceder outra, ''integrada'', destinada a dar novos rumos à ''história da cultura no Brasil''. O que era esforço pessoal, individual, de abnegados agitadores culturais, deverá ser a partir de então esforço conjunto, global de organismos

---

14. Sérgio Micelli, ''O processo de 'construção institucional' na área cultural federal (anos 70)'', in Sérgio Micelli (org.), *Estado e cultura no Brasil*. São Paulo, DIFEL, 1984, p. 53-83.
15. ''Uma política integrada do livro para um país em processo de desenvolvimento: preliminares para a definição de uma política nacional do livro''. São Paulo, Câmara Brasileira do Livro; Rio de Janeiro, Sindicato Nacional de Editores de Livro, 1978, p. 12-13.

da sociedade civil e do Estado, visando superar definitivamente a precariedade reinante no universo do livro. Os tempos atuais exigem novas estratégias, novos modos de atuar, "competência", se se deseja atender a expectativas sociais emergentes, decorrentes das transformações gerais por que passou o país nas últimas décadas.

Inserida, pois, nessa perspectiva ampla, a promoção da leitura infanto-juvenil vai-se alterando também, deixando o filantropismo "ingênuo" pelo "competente", conforme se pode ver nos textos publicados no *BI*. Em que pese a permanência da "ingenuidade" enquanto elemento impulsionador, cada vez mais o discurso deverá avançar rumo à "competência", a fim de ajustar-se às exigências tecnocráticas de nossa época.

A leitura de dois projetos elaborados com a participação da FNLIJ, com distância de quase uma década, deixa evidente a diferença de tratamento dado às atividades promocionais à medida que o tempo avança. A impressão que se tem é que o país foi assimilando pouco a pouco os parâmetros discursivos fixados no centro do "pacto", o que, dadas as condições gerais de nosso meio, resultou em pouco mais que trocar a "ingenuidade" pela "competência", garantindo a permanência das premissas assistencialistas do filantropismo.

Nesse sentido, chama a atenção o caráter sistêmico do documento publicado no *BI* n.º 16, sob o título de "Projeto de Atividades da Fundação Nacional do Livro Infantil e Juvenil para o Ano Internacional do Livro, segundo programa de ação da UNESCO para organizações internacionais não-governamentais". Ali, a problemática da leitura aparece tratada em seus três níveis: produção, distribuição e consumo, indicando uma visão englobante e estruturada diferente da fragmentação dos discursos "ingênuos". Por outro lado, cada parte do "projeto" é subdividida em blocos que tratam de aspectos específicos e discriminados segundo regras de planejamento técnico. Do ponto de vista da produção, tratar-se-á de desenvolver, por exemplo, uma série de "medidas para encorajar as atividades dos autores"; quanto à distribuição, "medidas para promover o desenvolvimento das bibliotecas"; no que se refere ao consumo, procurar-se-á promover "medidas para desenvolver os hábitos de leitura".

Tal estruturação demonstra o uso de uma retórica própria à racionalização administrativa que articula planos, contempla e isola níveis, discrimina fatores, discerne hierarquias, tenta conseguir o melhor rendimento dos recursos. Trata-se portanto de um entendimento da promoção da leitura que é novo entre nós e que estaria em curso já no início dos anos 70.

Contudo, mesmo procurando obedecer a linhas definidas pela UNESCO, o projeto não consegue superar limitações de formuladores pouco habituados à linguagem tecno-burocrática. Por essa razão, em meio aos novos registros buscados no circuito internacional, é possível encontrar no discurso velhos traços "ingênuos", como o voluntarismo, o provincianismo. Vejamos, por exemplo, as propostas que visam ao desenvolvimento dos hábitos de leitura:

> a) entrar em contato com a A.E.R.P. da presidência da República, para tratar da possibilidade de exibição de filmes, em televisão, sobre o livro; b) entrar em contato com serviços de imprensa, rádio e televisão, no sentido de obter colaboração para o desenvolvimento de uma campanha de valorização da leitura entre crianças e jovens; c) sugerir ao INEP ou à Fundação Getúlio Vargas a realização de uma pesquisa sobre hábitos de leitura de crianças de diversas regiões brasileiras; d) sugerir a autoridades dos sistemas educacionais de educação a incorporação dos temas do Ano Internacional do Livro aos programas escolares dos diferentes graus de ensino (em colaboração com a Comissão Nacional).

Como se vê, tal como ocorre na melhor tradição ingênua, tudo são boas intenções, tudo está voltado para a sensibilidade, a boa vontade das autoridades e o esforço dos promotores.

De teor diferente será, todavia, o discurso do outro projeto, mencionado no *BI* n.º 45, para o Ano Internacional da Criança, em 1979. Neste, as propostas já se mostrarão menos vagas, menos imprecisas e impressionistas, mais racionais, objetivas e competentes. Lendo esse projeto, percebe-se que os tempos da "construção institucional" já começam a dar frutos no campo da leitura infanto-juvenil.

Assim, em matéria intitulada "projeto brasileiro na área do livro infantil para o AIC", lemos no *BI* que

> a convite do IBECC (Instituto Brasileiro de Educação, Ciência e Cultura), que representa a UNESCO no Brasil, reuniram-se no dia 22 de julho de 1979, na biblioteca do Palácio Itamarati, cerca de setenta pessoas representando instituições que trabalham com ou para crianças nas diversas áreas, com o intuito de organizar uma Comissão Nacional para o Ano Internacional da Criança. Nessa reunião, presidida pelo secretário-geral do IBECC, ficou estabelecido que as referidas instituições se dividiriam por área de atuação (educação, saúde, bem-estar, cultura etc.) em subcomissões, as quais traçariam um planejamento integrado de programas/projetos a serem desenvolvidos ao longo do AIC. Assim, o Instituto Nacional do Livro (INL), o Sindicato Nacional dos Editores de Livros (SNEL), a Câmara Brasileira do Livro (CBL), o Conselho Regional de Biblioteconomia/7.ª Região (CRB/7.ª), a União In-

ternacional de Editores (UIE) e o Centro Regional para o Fomento do Livro na América Latina e Caribe (CERLAL), sob a coordenação da representante da FNLIJ, elaboraram o projeto da subcomissão do livro, que vai publicado a seguir e que foi distribuído a todas as representações da Fundação no Brasil, bem como aos associados das demais organizações e ainda às Secretarias Estaduais de Educação e Cultura de todo o país.

Apresentado o preâmbulo, que julgamos oportuno transcrever, a fim de que se possa ter idéia do grau de organicidade que as ações começam a revelar entre nós, bem como da importância que a FNLIJ vai adquirindo enquanto instituição especializada, passemos ao projeto propriamente dito.

Em primeiro lugar, seus formuladores trataram de dividi-lo em quatro itens, subdividindo-o, depois, em vários outros, como manda a melhor razão técnica. Temos, pois, os itens:

I — Hábitos de leitura; II — Publicações; III — Cursos e seminários; IV — Concursos. As subdivisões são as seguintes:
I — Hábitos de leitura: 1) inquérito sobre hábitos de leitura no Brasil na faixa do 1.º grau; 2) feiras de livros infantis e juvenis; 3) exposições de livros infantis e juvenis; 4) dinamização de bibliotecas existentes; 5) criação de novas bibliotecas.
II — Publicações: 1) publicação, através do INL, do *Dicionário de Autores Brasileiros de Literatura Infantil e Juvenil* no AIC; 2) publicação do texto da Declaração Universal dos Direitos da Criança; 3) divulgação do AIC através da impressão do logotipo e da referência "1979 Ano Internacional da Criança" nos livros editados nesse ano; 4) ênfase especial para a literatura infantil e juvenil no programa de co-edições do INL; 5) publicação, em 1979, da "Suplementação da bibliografia analítica da literatura infantil e juvenil", publicada no Brasil referente ao período de 1975.
III — Cursos e seminários: 1) seminário latino-americano de literatura infantil e juvenil preparatório do AIC; 2) encontro de professores de literatura infantil ao nível universitário; 3) curso intensivo para professores do profissionalizante pedagógico; 4) determinação às representações estaduais do INL no sentido de que em todos os encontros patrocinados pelo órgão sejam incluídas, na programação, atividades relacionadas com a literatura infantil e juvenil; 5) realização de um seminário sobre a edição de livros infantis.
IV — Concursos: 1) concurso para texto inédito de literatura infantil; 2) recomendação às Secretarias Estaduais e Municipais de Educação para a realização de concursos de redação, ao nível das classes, visando a incentivar a livre expressão criativa (?!); 3) recomendação às entidades e empresas que patrocinam concursos de literatura para que dêem ênfase especial aos textos de literatura infantil e juvenil no AIC.

Esse projeto mostra-nos que a mobilização em torno da leitura infanto-juvenil passa a ser concebida no pretendido centro do "pacto" nacional, segundo padrões que escapam à tradição filantrópica "ingênua". A racionalidade que transparece no discurso dos neofilantropos parece opor-se à visão emotiva da realidade que caracterizou seus antecessores. A retórica impressionista cede lugar à eficácia administrativa, visando à "otimização de todos os recursos materiais e humanos". O projeto para o AIC já não fica mais na dependência exclusiva das boas intenções; ao contrário, os olhos de seus formuladores estão voltados para a compatibilização de meios e fins, a reunião, a discriminação, o direcionamento de iniciativas, segundo normas do planejamento tecno-burocrático da cultura inauguradas pela modernidade e que nos anos 70 estariam paulatinamente penetrando nos domínios da leitura infanto-juvenil no Brasil.

Se a leitura dos diferentes textos do *BI* mostra distâncias consideráveis entre a linguagem dos "ingênuos" e a dos "competentes", mostra também que ambos compartilham uma mesma concepção assistencialista da promoção da leitura. Numa e noutra acredita-se que a leitura pode e deve ser "outorgada" mediante ações de agentes munidos apenas de boa vontade — os "ingênuos" — ou de boa vontade aliada a supostos conhecimentos técnicos especializados — os "competentes". Ao contrário de Escarpit, para quem "não estando inserida em um processo vital, animada por uma necessidade social ou psicológica, a leitura numa sociedade de consumo torna-se naturalmente atividade marginal, uma forma de consumo não-empenhado", filantropos e neofilantropos tomam o distributivismo como saída mágica para a "crise da leitura", independentemente de ele estar ou não articulado a práticas e políticas efetivas de educação, de cultura, de participação ativa da infância na cultura.

PARTE II — PRÁTICAS INSTITUCIONAIS E LEITURA

A formação de um quadro vivo de leitores não se dá no vazio ou apenas no acaso. O gesto aparentemente banal e corriqueiro de abrir as páginas de uma publicação qualquer está mediado por complexa trama de relações que, se escapa ao leitor no momento em que se depara com os códigos, nem por isso deixa de ser concreta e atuante. Na realidade, a leitura não é um ato natural, mas cultural e historicamente demarcado.

Entre exigências diversas, o estabelecimento de vínculos efetivos entre leitura e sociedade pressupõe instituições e mediadores capazes de viabilizar a relação do leitor com o texto. Sem um quadro institucional que funcione adequadamente, parece difícil a criação e sustentação de vínculos entre sociedade e leitura[16].

Desse modo, é compreensível que a literatura referente à promoção reserve especial cuidado às instituições e aos mediadores que tradicionalmente se ocuparam — e vêem se ocupando — da formação de leitores. Da mesma forma, é compreensível também que trate de estimular a criação de novas instituições e serviços. Afinal, se a "construção institucional" sozinha não é suficiente, a existência e o funcionamento adequado de suas instituições são condições indispensáveis ao desenvolvimento da leitura.

Sendo assim, vale a pena examinar o tratamento dado pelo *BI* a tais questões, já que as formas como são apresentadas indicam tanto

---

16. Nöe V. Richter, *La lecture et ses institutions: prélude 1700-1800*. Les Mans, Bibliothèque de l'Université du Maine, 1984. V. também, do mesmo autor: "L'idéologie et l'évolution des institutions de masse du XVIIIème siècle à nos jours", in *Cahiers de l'animation*, n.º 37.

um modo de agir como concepções problemáticas das relações entre cultura e sociedade.

ESCOLA, BIBLIOTECA E PROMOÇÃO DA LEITURA

Os textos do *BI* que envolvem questões institucionais apontam para temas e direções diversas: do uso do livro em sala de aula à organização de bibliotecas escolares; do estímulo à pré-leitura à relação dos próprios promotores com o ato de ler; de interesses temáticos específicos à forma de estabelecer programas de leitura para crianças e adolescentes segundo supostas dificuldades devidas à idade. Artigos opinativos, notícias, descrições de experiências, relatos de pesquisa conseguem constituir um amplo e diversificado painel sobre promoção institucional da leitura infantil e juvenil.

Entretanto, apesar da grande diversidade de temas e enfoques, há elementos comuns, capazes de dar unidade ao todo. Por exemplo, de forma explícita ou subjacente, os artigos têm em mira a intervenção cultural, ou seja, são compostos a partir de compromissos pragmáticos. Além disso, muitas vezes revelam uma visão administrativa da ação cultural, atendo-se praticamente a aspectos técnico-organizacionais das questões levantadas. Como o distributivismo "competente" aparece enquanto solução indiscutível para problemas culturais contemporâneos, basta colocá-lo em prática, gerenciá-lo adequadamente, e os desafios estarão vencidos. Nos dias atuais, a questão cultural não passaria, na realidade, de dificuldades técnico-administrativas que a gestão eficaz é capaz de superar.

Dentro dessas perspectivas unificadoras que sustentam a publicação, chama a atenção a crença generalizada na possibilidade de Escola e Biblioteca desempenharem um papel redentor na luta para vencer a "crise da leitura". Segundo concepções vigentes, essas instituições, por seu caráter especializado, seriam começo e fim de um processo de salvação cultural que poderá se viabilizar se a elas forem concedidos os cuidados sociais devidos. Destacadas dentre instituições ligadas ao livro e à leitura, Escola e Biblioteca, se em número suficiente, se bem equipadas, se organizadas e geridas com eficácia técnica, seriam capazes de reverter o quadro atual da leitura em tempo não muito longo. Se através dessas instituições nossas crianças forem introduzidas corretamente no circuito do livro, conseguiremos nos livrar do impertinente fantasma que nos ronda sem tréguas — a "crise da leitura".

Várias profissões de fé nesse papel redentor da Escola e da Biblioteca são encontradas no *BI*. Ali, vários autores procuram nos convencer da possibilidade de, através deles, a leitura penetrar na vida dos grupos infantis, alojando-se definitivamente no comportamento dos futuros adultos. No n.º 30 podemos ler, por exemplo, que

> o drama cultural vivido pela América Latina — minorias instruídas e maiorias destruídas — tornou inexpressiva a influência dos livros (...) A escola serve como depositária do livro. Principalmente a escola pública, freqüentada pela maioria pobre, impossibilitada de pagar seus estudos. Nesses casos, a escola constitui para a criança sua única oportunidade de aproximar-se do livro. Por isso mesmo, *sua eficácia depende do uso que dele faz a escola.*

Por caminhos diferentes, que enfatizam o aspecto econômico do mercado, o artigo "O hábito de leitura — a biblioteca infantil" (*BI* n.º 45), apesar do título, vê também a Escola como núcleo privilegiado e praticamente exclusivo para a criação de um mercado consumidor de livros em países como o Brasil. Assim, após enumerar algumas "dificuldades" para a criação dos "hábitos de leitura", a autora deduz que, "com todos esses problemas, *é ainda a escola a esperança de nossos países na ampliação do mercado editorial*" (grifo nosso). E isto não porque o interesse pela leitura decorra naturalmente de um processo escolar bem-conduzido em seu todo, mas porque a escola é um espaço onde se deve, de forma planejada, independentemente das condições gerais do ensino, atrair, ganhar, conquistar leitores. Esta é, segundo o artigo, "a última oportunidade de conquistar o enorme contingente potencial de leitores que possuem os países em desenvolvimento".

Em tom menos dramático — mas igualmente exortativo do espaço especializado da Escola — segue o artigo "O professor e a conquista do leitor" (*BI* n.º 54). Depois de reconhecer que "o desenvolvimento dos interesses e hábitos de leitura se faz num processo constante que se inicia com a família", seus autores afirmam que, gradativamente, esforços realizados por parte de especialistas e daqueles que se preocupam com o problema do livro e da leitura como meio de desenvolvimento humano têm chamado a atenção das autoridades educacionais para a responsabilidade da escola na formação do leitor permanente. Começa-se hoje a reconhecer que à escola não cabe apenas "ensinar a ler" ou "fornecer informações", mas enriquecer o aluno com a aquisição de instrumentos para seu processo de permanente autoformação.

Em outras palavras, a Escola deve absorver papéis que tradicionalmente não eram de sua alçada, mas que hoje devem ser. Não se trata mais, apenas, de "ensinar a ler", mas de "enriquecer o aluno", ampliando seu universo educacional através do cultivo dos "hábitos de leitura".

Se, graças às suas possibilidades redentoras, a Escola é alvo privilegiado, pelas mesmas razões, mesmo que em menor extensão, a Biblioteca também merece atenções especiais. Assim, palavras de Lobato sobre a instituição são retomadas no *BI* n.º 11:

> Cultura é ter bibliotecas, ler, estudar. No dia em que todas as cidades do Brasil tiverem a sua biblioteca infantil, o Brasil estará a salvo de todos os males, porque todos os males do Brasil têm uma única causa: a ignorância dos adultos, justamente porque não lhes foi despertado o amor pela leitura quando crianças...

Outro exemplo de reconhecimento da importância da Biblioteca enquanto instrumento destacado na promoção da leitura infantil é dado pelas referências constantes à sua problemática nas páginas do *BI* e pela criação de uma seção especial, a partir do n.º 35, intitulada "Biblioteca para Crianças e Jovens". A seção pretende reunir informações de todos os tipos, relacionadas seja à biblioteconomia em geral, seja a questões específicas da leitura nas bibliotecas infantis. Por dificuldades não explicadas tal seção se manteve apenas em alguns números, mas seu aparecimento evidencia preocupações especiais com os destinos da instituição, graças às potencialidades promocionais que contém. Segundo a compreensão vigente, junto com a Escola, a Biblioteca formaria uma dobradinha que, bem acionada, seria capaz de produzir uma verdadeira revolução no campo da leitura infanto-juvenil.

Desse modo, independentemente das condições sócio-culturais gerais, independentemente das condições específicas de seu público, a ação dessas instituições é capaz de definir os rumos sociais da leitura, bastando para tanto que sejam em número conveniente e adequadamente geridas.

Se Escola e Biblioteca são instrumentos privilegiados na promoção da leitura, o quadro que se apresenta em países periféricos está longe de atender ao requisito mínimo de existência das instituições em número suficiente. Entre nós, por falta de escolas, por exemplo, todos os anos, milhares de crianças em idade escolar ficam excluídas do ensino formal, impossibilitadas de serem atingidas por atividades promocionais propostas nas salas de aula.

Além disso, esse contingente se amplia à medida que a escolaridade avança e o afunilamento do sistema vai excluindo também boa parte dos matriculados nas primeiras séries primárias. A implacável pirâmide educacional brasileira — queira-se ou não — afeta direta e inapelavelmente pretensões promocionais centradas na escola.

De outro lado, na área das bibliotecas públicas, parece que os problemas não são menores. Apesar de sua reconhecida importância, as bibliotecas públicas, quando existem, são em número extremamente reduzido, restringindo-se praticamente aos centros urbanos maiores. E, se se acrescentar a esse quadro a indigência em que se encontram as bibliotecas escolares, compreende-se a colocação de um artigo do *BI* nº 65: "A biblioteca não é ainda um objeto cultural na civilização brasileira, pois, no Brasil, mais de novecentos dos mil e quatrocentos municípios não dispõem de bibliotecas, tradição que ainda vem da colônia".

Em tais circunstâncias, a literatura do *BI* reconhece que se torna difícil viabilizar projetos de difusão de leitura em massa, compatíveis com o desejo de fazer o país penetrar de uma vez por todas nos domínios da cultura letrada. Sem instituições especializadas que funcionem como centros irradiadores de atividades promocionais, dificilmente se conseguirá qualquer resultado de amplitude significativa, repetem várias vozes em momentos diversos do *BI*.

Porém, se a inexistência e a insuficiência de instituições são problemas efetivamente indicados na bibliografia, por outro lado são apontados apenas nos justos limites que inviabilizam as atividades promocionais, restringindo-se aos níveis de constatação e prescrição. Ao exame da insuficiência e/ou da inexistência de instituições, a vocação ativista do discurso opta pela disseminação sem discussão de estratégias e procedimentos experimentados com sucesso em contextos que em geral não observam carências institucionais como as que ocorrem país. Desse modo, ao invés de refletir sobre as carências, o "pacto" prefere acreditar que elas se resolverão com denúncias que apelam para a boa vontade e o bom senso dos governantes e de forças dirigentes da sociedade civil.

Os problemas seriam meramente circunstanciais, jamais estruturais, intrínsecos ao modelo social vigente. Assim, enquanto espera, a proposta é fazer o que se pode, isto é, tentar alterar o estatuto da leitura nos espaços existentes.

Para tanto, "o pacto" propõe uma série de medidas. Dentre as mais importantes, tornar a leitura objetivo prioritário nas instituições especializadas; construir e transmitir, através das práticas institucionais, uma imagem positiva do ato de ler às crianças e à sociedade em geral; treinar professores, bibliotecários e promotores diversos em técnicas modernas de animação que conduzam a relações prazerosas com a leitura.

O papel da leitura nas instituições especializadas (escolas, bibliotecas...)

O "pacto" insiste na necessidade de fazer do ato de ler não apenas prática corrente e constante nas instituições, como também objetivo prioritário e superior a todos os demais por elas definidos. No nº 34 do *BI*, pode-se ler, por exemplo, que "o estudante continua, inegavelmente, a ter no livro o veículo básico que lhe transmite os ensinamentos do currículo, embora a cada dia se torne pior leitor". Em decorrência disso, um projeto "altamente interessante para o processo de formação do hábito de ler seria o de se incorporar oficialmente aos currículos, especialmente nos períodos que se seguem imediatamente à alfabetização, uma hora diária da leitura como parte integrante da cadeira de língua pátria".

Na mesma linha de revalorização da leitura e do livro no espaço escolar, cito o artigo "A criança, a escola e o livro" (*BI* 10). Depois de observações gerais sobre o papel da escola e sobre os diferentes instrumentos à disposição do professor, a autora refere-se especialmente ao valor superior da comunicação escrita. Segundo ela,

> no mundo contemporâneo, a comunicação pela linguagem escrita assume proporções imensuráveis. Levada pela necessidade de transmitir idéias e emoções pessoais, ou de transmitir avisos, instruções, ordens, princípios e normas de procedimentos, ou ainda de registrar observações feitas, experiências vividas ou descobertas realizadas, a humanidade tem ampliado de maneira extraordinária o uso dos símbolos gráficos, adotando um número cada vez maior de convenções, imaginando novos caracteres, criando sistemas de símbolos antes inexistentes, na medida em que seus conhecimentos e descobertas aumentam e sua organização social se torna mais e mais completa.

Conseqüentemente, continua a autora,

torna-se fácil daí concluir a importância que deve assumir o livro (e todas as outras modalidades de publicações) na escola em nossos dias, papel ainda mais destacado quando se pensa que, além de constituir um instrumento de comunicação capaz de conter as idéias, as emoções e as experiências da humanidade, passíveis assim de serem transmitidas através do tempo e do espaço, é também capaz de guiar e orientar o uso de todos os outros recursos antes citados, e mais ainda, é capaz de ensinar a observar, investigar e experimentar; é capaz de dirigir o pensamento, estágio por estágio no processo de raciocínio, no sentido de formar hábitos de análise e reflexão; é capaz de desafiar a curiosidade e a imaginação do leitor, despertando-lhe a iniciativa e a criatividade, por tudo isso servindo, conseqüentemente, como recurso insubstituível na colimação dos objetivos que a escola contemporânea necessita alcançar.

Se a promoção da leitura deve ser objetivo prioritário da Escola, deve ser também prioridade da Biblioteca. No nº 59, por exemplo, o *BI* afirma que a "biblioteca escolar tem por objetivo incentivar e disseminar o hábito da leitura junto a crianças e adolescentes, através de material bibliográfico e não-bibliográfico, organizado e integrado aos interesses da instituição a que pertence".

Da mesma forma, o artigo "A biblioteca pública infanto-juvenil como centro de multimeios" (*BI* nº 54) coloca a promoção da leitura como objetivo primeiro da Biblioteca. Para sua autora, "o objetivo principal da biblioteca deve ser o de incentivar a leitura recreativa, propiciar condições para o desenvolvimento do hábito de leitura e oferecer atrativos para incentivar o uso do livro e da biblioteca".

Se a leitura de textos como esses permite notar que as recomendações do discurso promocional prescrevem a revalorização da leitura como valor superior, *objetivo principal* sobreposto a todos os demais no interior das instituições, ela revela também uma certa crença ingênua na possibilidade de superação das dificuldades a partir da mera redefinição de objetivos. Tal como são colocadas, as propostas parecem indicar que, mudadas as metas, dirigido o interesse para novos objetos, a transformação ocorreria automaticamente, independentemente das condições concretas em que a promoção se dá. Na realidade, seguindo esse raciocínio, a posição da leitura nas instituições especializadas não seria parte constitutiva do modelo educacional vigente, mas mera circunstância que pode ser alterada por agentes institucionais movidos somente por intenções, fé, boa vontade, determinação. A atitude voluntarista que teria funcionado no passado continuaria a servir nos tempos atuais, bastando adicionar ao filantropismo piedoso de então algumas pitadas de competência técnica em planejamento e animação de programas de incentivo à leitura.

Evidentemente, se não se pode negar o valor da determinação, da firmeza de propósitos, da vontade forte, especialmente quando se deve enfrentar problemas culturais difíceis como os da promoção da leitura, acatar o primado voluntarista que fixa objetivos abstraindo condições históricas concretas significa acatar posição e princípios que, apesar de sedutores, são impotentes para levar aos objetivos proclamados, principalmente nos dias correntes.

Assim, por exemplo, como acreditar na vontade soberana, na possibilidade de o missionarismo nortear políticas culturais geradoras? Como acreditar em propostas que, para se instrumentalizarem, supõem um mundo que só sobrevive enquanto ficção? Nos tempos atuais, diferentemente do que ocorria no passado, entre outras coisas, o agente de educação e cultura é quase sempre um profissional que atua num quadro institucional, em razão de seus supostos conhecimentos técnicos. Embora muitas vezes junte a esse perfil elementos de fé, de vontade pessoal, de determinação, não se define profissional e socialmente por estes elementos de subjetividade, mas por relações concretas de trabalho, por relações interessadas de troca. Em outras palavras, o agente cultural do mundo contemporâneo não é mais um missionário, mas um trabalhador assalariado, submetido às exigências e condições de tal situação.

Desse modo, pretender reverter o papel secundário da leitura nas instituições de educação e cultura com declarações voluntaristas que apelam apenas para bons sentimentos, para a generosidade do agente, parece mais do que nunca um discurso insustentável, datado, retórica vazia. Num mundo em que as iniciativas nascidas da fé, da paixão, da boa vontade devem, para sobreviver, estar cada vez mais atentas às condições implacáveis impostas pelo desenvolvimento atual do modo de produção capitalista, é difícil vislumbrar espaço para atitudes regressivas que pregam uma espécie de retorno a Anchieta, nosso primeiro agente cultural.

A imagem social da leitura

Se as instituições especializadas devem tornar a leitura atividade e objetivo prioritário, devem também desenvolver práticas que alterem a atual imagem negativa, produzida sobretudo por práticas institucionais inadequadas.

Assim, por exemplo, a coerção, o autoritarismo explícito das práticas escolares, especialmente as tradicionais, estariam na base de representações que levariam ao desinteresse de crianças e jovens pela leitura. Os modelos pedagógicos baseados na obediência do aluno a regras definidas pelo professor seriam por si só responsáveis pelo afastamento de crianças da leitura, assim como causadores de um mal-estar na relação professor-aluno, automaticamente transferido para a relação leitor-texto. Geradores de uma espécie de trauma nas crianças, tais modelos criariam uma imagem negativa da leitura, capaz de afastar para sempre dos livros largas faixas da população.

À inadequação dos métodos, junta-se, por outro lado, a dos espaços. Assim, as bibliotecas, ao invés de serem, por exemplo, espaços "convidativos, atraentes, interessantes", afugentariam o público infantil com sua sisudez, sua seriedade, seus códigos ultrapassados, geradores de imagens negativas da leitura. "Ah, triste realidade a das bibliotecas infantis...", lastima a autora de um artigo publicado no *BI* nº 66, sugestivamente intitulado "Biblioteca infantil (infantil?)". "Imaginem", continua ela, referindo-se às mazelas herdadas da tradição, "qual deva ser a reação de uma criança cheia de entusiasmo pela leitura, ou a de outra, ainda não habituada aos livros, diante de uma biblioteca assim. Desconforto, medo, tolhimento, irritação, rebeldia e... desinteresse".

Como se vê, a Biblioteca, como a Escola, estaria propondo relações, experiências que são empecilho sério ao desenvolvimento dos "hábitos de leitura". Apoiadas, ambas, em preceitos e práticas ultrapassados, no lugar de removerem, criariam obstáculos ao ato de ler. Ancoradas no "desconforto, no medo, no tolhimento", estariam comprometendo seriamente o interesse do leitor ao comprometerem a imagem da própria leitura, associando-a a estímulos negativos. Mais grave, o comprometimento na maioria das vezes se prolonga fatalmente por toda a vida, pois mata irremediavelmente na base, isto é, na infância, qualquer veleidade espontânea revelada para a leitura.

Resulta daí a necessidade de buscar novas práticas, novos arranjos que possibilitem a construção de outra imagem da leitura — prazerosa, descompromissada, divertida, atrativa, a ponto de ser capaz de vencer toda e qualquer resistência, a ponto de criar uma nova imagem da leitura.

A afirmação de uma bibliotecária (*BI* nº 54) talvez pudesse resumir de forma exemplar os caminhos apontados: "Empregam-se em empresas estratégias para atrair e conservar a clientela, táticas que também estão sendo utilizadas em bibliotecas infanto-juvenis..." Em outras palavras, para fazer face ao desinteresse e às representações negativas da leitura, recomenda-se o uso de técnicas de animação cultural, pois tal uso seria capaz de produzir o comportamento interessado desejado, além de funcionar enquanto recurso publicitário que consegue construir representações positivas do ato de ler pela repetição de estímulos agradáveis.

Apesar do interesse que despertam, as novas técnicas de animação encontram nas práticas institucionais consagradas obstáculos capazes de frustrar seus propósitos. Tendo que se emparelhar nas instituições especializadas com a austeridade, a coerção, quando se trata, por exemplo, de exigências impostas pela educação formal, a animação corre o risco de ser identificada com as demais práticas escolares, misturada, assimilada, sucumbindo ao final de algum tempo às condições gerais.

Segundo o *BI*, deve-se estar atento a tal fato, para evitar esse risco. Para tanto, seria possível criar ao redor das atividades de animação uma espécie de campo autônomo, dissociado dos padrões vigentes. Esse "lugar", liberto de exigências de toda espécie, funcionaria como contraponto a tudo o que de enfadonho e obrigatório há nos espaços institucionais. Organizadas como setor à parte, desatreladas dos compromissos que caracterizam, por exemplo, o processo formal de conhecimento, as atividades de animação poderiam estabelecer uma zona de informalidade na rotina dos espaços especializados, condição capaz de gerar imagens positivas da leitura, apesar dos quadros institucionais adversos. Em outras palavras, esse novo "lugar", graças à sua informalidade, conseguiria apartar, separar, divorciar a leitura dos destinos gerais do conhecimento nos espaços especializados, revertendo, em função de sua dinâmica diferenciada, as imagens negativas hoje a ela associadas.

Examinando essas propostas, pode-se perceber várias ordens de problemas. Em primeiro lugar, os resultantes da compreensão fragmentada da dinâmica educacional e cultural. Nesse aspecto, apesar dos problemas de toda ordem de nosso sistema escolar, a leitura continua sendo instrumento privilegiado do processo de ensino-aprendizagem. Pode-se mesmo dizer que, em certo sentido, ler e estudar são quase sinônimos, em qualquer situação de ensino formal. Por mais que se tenham inventado técnicas, por mais que se tenham mobilizado linguagens diversificadas para a assimilação do saber, por maior que possa ser a crise do escrito na era do audiovisual, a realidade é que, nas condições atuais, o conhecimento formal não consegue prescindir do escrito, mesmo quando não realizado em toda a sua plenitude.

Em vista disso, queira-se ou não, os destinos da leitura estão íntima e irremediavelmente ligados aos do conhecimento nas instituições especializadas — e não apenas nelas, mas na sociedade em seu todo. Separar a promoção da leitura dos processos gerais do saber, como se os caminhos pudessem não se cruzar, como se leitura e conhecimento não fizessem parte de um mesmo quadro global de operações simbólicas, de uma mesma trama de sentidos, corresponde a uma visão compartimentada, fragmentada da cultura que, parece, não conseguirá ir muito longe enquanto fonte inspiradora de práticas promocionais. Ocorre que, na verdade, leitura, conhecimento e cultura encerram elos tão decisivos e fundamentais que é impossível fugir das questões que tais ligações colocam aos programas promocionais.

Assim, ao invés de isolar atividades de animação da leitura, qualquer tentativa de mudança nos rumos atuais deve, ao contrário, perguntar em que medida o conhecimento, o desejo de saber, de descobrir é valorizado nas instituições de educação e cultura e na sociedade. Em que medida aprender é entendido como desafio capaz de arrebatar o espírito, conduzindo, naturalmente, crianças e jovens à pesquisa, ao conhecimento, logo, à leitura? Em que medida ocorrências institucionais aguçam curiosidades, procura de respostas, desejos de ler? Em que medida, enfim, nossas instituições, nossa sociedade estimulam o ato de conhecer enquanto aventura inesgotável, inquietação infinitamente renovável, renovada e renovadora?

Sem que se discutam profunda e globalmente questões como essas será difícil talvez encontrar caminhos que possam romper o quadro atual da promoção e alterar a representação social da leitura. Supor que atividades isoladas de animação conseguirão sobrepor-se ao descaso, à desconfiança com que nossa sociedade trata o conhecimento, o desejo de saber, é acreditar em ações que se esvaziam mal chegam ao final.

Além disso, persistir em caminhos que vêem a animação como espécie de remédio pronto para curar todo tipo de doenças é transplantar sem críticas soluções desenvolvidas em países do Primeiro Mundo, com condições históricas e culturais diferentes das nossas. Ali, por uma série de razões, a animação convive com contextos sócio-culturais que bem ou mal reconhecem e dão suporte ao desejo de conhecimento de crianças e jovens. Ali, seja por tradição cultural, seja por razões pragmáticas de preparação do futuro produtor, o ato de ler não é vivido como ato marginal, que isola o leitor, mas, ao contrário, é ato reconhecido, capaz de conferir identidade social. Em outras palavras, dadas as condições gerais, nos países desenvolvidos a animação da leitura insere-se num *continuum* educacional e cultural que ampara e envolve crianças e jovens, servindo, assim, como outros processos, de elemento socializador, de elemento destinado a introduzir os mais novos em comportamento prezado pelo grupo social amplo.

Em situações como a nossa, ao contrário, as atividades de leitura não conferem identidade sócio-cultural, mas diferenciação, distinção e, em conseqüência, isolamento. Na realidade, entre nós as atividades de animação não se destinam a inserir a criança na cultura do grupo social amplo, mas, salvo exceção, a retirá-la de seu quadro cultural de origem. Sendo assim, ainda que causando prazer, ainda que interessando eventualmente à criança, não conseguem furar os bloqueios do contexto, apresentando a leitura como atividade natural reconhecida pelo e no grupo social. Além disso, ao se posicionar à parte no quadro institucional, a animação apresenta a leitura como algo excepcional, localizado, circunscrito a certas situações bem definidas. Em outras palavras, as atividades de animação num contexto como o brasileiro, ao invés de enfrentarem o fosso entre vida social e leitura, caminham em sentido inverso, ao isolar o leitor num "lugar" sem vinculações efetivas com as demais situações educativo-culturais por ele experimentadas.

Nesse sentido, não será com técnicas que conduzem ao isolamento, ao distanciamento, mas sim com ações que levem à participação, à inserção crítica e plena no processo cultural global, com atitudes promocionais que respondam a desejos efetivos de conhecimento que se poderá gerar e, mais que isso, manter imagens positivas da leitura junto a crianças e jovens.

A formação dos promotores

Se os problemas apontados constituem preocupação constante na literatura promocional, o despreparo dos mediadores parece ser o alvo central dos discursos, por ser considerado o obstáculo maior aos caminhos escolhidos. Na medida em que a promoção da leitura deve ser feita a partir especialmente de instituições como Escola e Biblioteca, exige mediadores capazes de atuarem segundo as premissas estabelecidas para tais espaços, condição que a literatura da área reconhece não existir, nem mesmo em países do Primeiro Mundo, ao menos até o início dos anos 70.

Assim, no que se refere às condições de atuação de promotores de leitura (professores, bibliotecários), o primeiro aspecto que chama a atenção nos textos do *BI* é o reconhecimento da *incompetência* deles para realizarem tarefas de animação. Um texto publicado no *BI* nº 14 relata as conclusões de um "seminário sobre literatura para crianças e jovens como meio de promover a compreensão internacional":

> ... os participantes [de treze países, todos europeus, excetuados o Irã e a Etiópia] sentiram que, se os professores fossem preencher esse pa-

pel satisfatoriamente [de animadores de leitura infantil], teriam que ter um treino especial de literatura infantil e que os bibliotecários também precisariam desse tipo de treino. Por conseguinte, o seminário recomendou que "o ensino sobre livros infantis representasse um papel mais importante no treino de professores, bibliotecários escolares e bibliotecários em geral, inclusive aqueles que se empenham na educação pré-escolar". Sobre isso os participantes dos países em desenvolvimento exprimiram a necessidade e a urgência de treinos para professores, bibliotecários e [*sic*] autores. Mais adiante, recomendaram que a UNESCO promovesse e encorajasse exposições e seminários de livros no campo de literatura infantil.

Como se pode ver, o texto destaca o desconhecimento, a falta de preparo de professores e bibliotecários para utilizarem a literatura infantil enquanto instrumento de animação de leitura. E note-se que o comentário refere-se quase exclusivamente à realidade de países desenvolvidos, que contam com quadros profissionais sequer sonhados por países como o nosso.

Nessas condições, não é de estranhar, portanto, a "dificuldade de levar adiante programas que tenham por objetivo a formação de hábitos de leitura" (*BI* nº 45). Pesquisa realizada em 1980, na cidade de Natal, Rio Grande do Norte, com o objetivo de efetuar um levantamento crítico da situação da literatura infanto-juvenil nas escolas das redes oficial e particular, entre outras coisas "alarmantes", teria revelado

> o não-conhecimento da expressão literatura infanto-juvenil. Muitas vezes o professor afirmava não trabalhar com esta literatura e, em seguida, enumerava livros, técnicas de abordagem, etc., comprovando exatamente o oposto. Desse modo, o desconhecimento bem revela o desapreço a que está submetida [a literatura infantil] na consciência daqueles que deveriam ser seus maiores divulgadores (*BI* nº 60).

Esse despreparo do mediador atinge diversos níveis. Se, por exemplo, falta-lhe formação cultural e educacional básica, falta-lhe também, e sobretudo, formação específica para a animação da leitura, carência responsável por erros *técnicos* primários e imperdoáveis. Assim, é comum professores despreparados tecnicamente para o ensino integrarem a leitura à lista de preocupações com avaliação, provas, obrigações e exigências feitas aos alunos, sem ao menos se darem conta de que adotam procedimentos ultrapassados. Diz o relatório de pesquisa já citado:

> Se o professor, ao invés de se preocupar tanto com a avaliação formal, se detivesse mais na motivação e exploração da leitura, temos

certeza de que seu trabalho com literatura seria mais rico, com resultados mais satisfatórios para ele e seus alunos. (...) A experiência com a literatura infanto-juvenil nos mostrou que um dos fatores que mais amedronta, inibe e desvirtua a própria prática de leitura de obras literárias é precisamente a "ameaça" da prova ou testes no final da mesma. O professor está assim contribuindo para resultados contrários aos que deveria estar buscando. Sim, porque, se pretende desenvolver em seus alunos os hábitos e o gosto pela leitura, não será com essa "ameaça" que conseguirá.

Textos como esse são exemplo claro dessa postura que vincula automaticamente o desinteresse pela leitura a *erros* técnicos, *erros* que, muitas vezes, não passam de atitudes pedagógicas tradicionais, desacreditadas no contexto *atual, moderno*, da animação da leitura. Do ponto de vista da Escola, no *BI* nº 30, lê-se, por exemplo, que, por utilizarem o "texto único, geralmente mal redigido e incompleto, proporcionando uma visão defeituosa (?!) da ciência e da arte", professores são causadores incontestáveis de "tanta indiferença pela leitura encontrada entre os jovens, atitude que se prolonga após deixarem a escola, já adultos".

A situação não parece diversa no que se refere à Biblioteca. Também entre os bibliotecários o despreparo técnico seria geral e estaria na base de problemas como a morte precoce de interesse. Da mesma forma que os demais mediadores, os bibliotecários não possuiriam formação necessária ao desempenho do novo papel de animadores de leitura. No *BI* nº 66, afirma-se, por exemplo, que "toma conta de biblioteca, muitas vezes, uma pessoa até que disposta a cooperar, mas quase sempre sem nenhum preparo técnico".

Em tais condições, a saída natural é a formação, a capacitação técnica de pessoal necessário aos projetos promocionais. Sem isso, tudo parece perdido, sobretudo numa época em que o simples acesso ao texto não garantiria interesse pela leitura. Formar *competências,* dotar de conhecimentos técnicos agentes institucionais é prioridade a que não se pode fugir atualmente, sob pena de qualquer pretensão de incentivo à leitura se ver aniquilada nas bases, devido ao despreparo, à *incompetência* do quadro profissional que atua nas instituições especializadas.

Formar *competências,* por outro lado, tem sentido preciso. Significa colocar mediadores em condições de planejar e executar atividades de promoção/animação da leitura capazes de envolver completamente o leitor. "Atrair, convencer, interessar, condicionar" crianças para os prazeres da leitura, mediante a utilização de técnicas diversas que apelam para variados sentidos, eis o objetivo da formação de *competência.* Na realidade, a *incompetência* não é simplesmente um não-saber-fazer. É, antes, um não-saber-interessar.

Em decorrência, a motivação aparece como tema central dos discursos que visam à formação do promotor *competente.* Preparar mediadores significaria antes de mais nada realizar a transferência de um saber prático de produção de estímulos capazes de gerar interesse pela leitura. Se os mediadores que se ocuparão da promoção devem ter "disponibilidade afetiva", se devem ter "boa formação lingüística" (*BI* nº 54), devem ter, principalmente, condições de tudo reduzir ao denominador comum da produção do interesse. Tal exigência alcança todos os níveis e se coloca como a questão promocional por excelência.

A seleção de obras a serem indicadas é, por exemplo, um dos aspectos alcançados pela nova condição. Se conhecer os livros é requisito que se impõe a qualquer tipo de mediação — "é lembrar o óbvio afirmar que só se pode ensinar o que se conhece" (*BI* nº 54) —, à mediação *competente* impõe-se principalmente saber separar obras *interessantes* de obras *desinteressantes.* Na realidade, no novo contexto tudo se passa como se o *bom* fosse sinônimo automático do *interessante,* e como se escolher *boas* obras significasse selecionar leituras que não colocam em risco sua aceitação pelo leitor.

Claro, os limites entre satisfação de interesse imediato e facilitação nem sempre são muito nítidos, embaralhando-se mesmo com freqüência, como podem atestar resenhas de livros infantis apresentadas no *BI.* Desse modo, é comum o processo de produção de interesse imediato se confundir com o oferecimento de leituras sob medida, de leituras que incorporaram ao próprio texto o propósito expresso de não oferecer dificuldade, de não colocar em risco o interesse do leitor[17].

Nessas circunstâncias, os elementos de significação não ocupam o centro das preocupações do promotor *competente.* Mais que o sentido dos textos, deve interessá-lo acima de tudo o gesto, o comportamento, os aspectos técnicos repetitivos e observáveis da leitura. Assim, mediador *competente* é aquele que consegue manter o leitor exercitando sua capacidade de reconhecer sinais, independentemente das significações por eles desencadeadas. A *competência* no que se refere, por exemplo, à escolha de textos não é saber oferecer e explorar significações importantes para a vida de crianças e jovens, mas antes fazer repetir o comportamento esperado — os *hábitos de leitura.*

Do ponto de vista das técnicas de animação da leitura, a *competência,* como se sabe, exige domínio de uma série variada de re-

---

17. V., a respeito, Maria Lúcia Zoega, "Stella Carr e a literatura juvenil: um enigma em suspenso". Dissertação de mestrado apresentada à Faculdade de Filosofia, Letras e Ciências Humanas da Universidade de São Paulo, 1987, 2v.

cursos que exploram os mais diferentes sentidos e as mais diferentes linguagens. Dramatizações, reprodução gráfica das histórias, brincadeiras, individuais e grupais, disputas, concursos, tudo, enfim, deve ser recurso para a produção do interesse. Quanto maior for a capacidade do promotor em manipular técnicas e linguagens diversificadas, maior será sua *competência,* sua possibilidade de produzir o interesse.

A diversidade enquanto regra não dispensa, contudo, o elemento comum a todas as práticas: o prazer. Quaisquer que sejam as condições em que a animação se faça, a leitura deverá ser apresentada enquanto ato estimulante, atraente, interessante, prazeroso. Seguindo orientações de bases behavioristas, o discurso promocional acredita na possibilidade de produzir comportamentos culturais transformando espaços institucionais em laboratórios geradores de estímulos que agradam e seduzem crianças e jovens.

A crença na força desse prazer instrumental, gerado artificialmente, predeterminado, leva a relatos variados no *BI*. O artigo "O professor e a conquista do jovem leitor" (*BI* nº 54) diz que se deve criar "dentro da sala de aula o hábito da leitura numa perspectiva de prazer, desvinculado o livro de sua imagem (prejudicial) de mero instrumento de trabalho". E isto porque "só o exercício da leitura num espírito de liberdade, alegria e aventura pode conquistar futuros leitores".

A mesma direção seguem outros artigos. Assim, ao relatar um programa sugestivamente denominado "Atração para a leitura", o autor de um texto do *BI* nº 36 lembra que crianças pouco interessadas "precisam de mais do que mera oportunidade de ler. Precisam ser atraídas para a leitura". Como? "Utilizando-se todos os recursos expressionais (a expressão plástica, a dramatização, a mímica, a expressão oral, a escrita) como forma de exploração do material de leitura" (*BI* nº 54). Isto porque "um dos papéis, ou o papel maior das primeiras leituras, é exatamente o de abrir caminho para o prazer da leitura, na formação mesmo de fruidor da literatura quando adulto" (*BI* nº 60).

Por sua vez, os criadores dos "clubes de leitura" (*BI* nº 54), "método a ser utilizado pelo professor com vistas à conquista do leitor", dizem que

> por seu caráter de plena liberdade e de aproximação prazerosa com o livro, as atividades propostas no Clube de Leitura reforçam sua imagem de instrumento lúdico, e não aquela de mero "material de trabalho". Na realização dessas atividades, o livro será apresentado e vivido pelo aluno sem nenhuma espécie de imposição, mas como fonte de prazer, de estímulo à curiosidade e de interesse pelo mundo.

O espaço onde as atividades se desenvolvem deve também

> ter a face da infância: curiosa, alegre e cheia de... vida. Portanto, é necessário planejar móveis adequados às crianças, não esquecendo de jeito nenhum do Cantinho de Leitura, com tapete e almofadas, para ler gostoso, descontraidamente, aqueles livros queridos, que ficam numa cesta, num varal legal, ao alcance imediato do interesse da criança. (...) Plantas, jogos, aquário e brinquedos devem misturar-se aos livros, porque tudo isto faz parte do mundo infantil, e a criança deve encarar o livro como um elemento integrante desse universo. Lembrar também do Cantinho da Pesquisa, com mesas e cadeiras, enciclopédias, livros adequados, um "museu" com pedras, plantas e pequenos animais em exposição para os alunos poderem pesquisar para seus trabalhos escolares e para a vida. (...) É necessário que a biblioteca atue verdadeiramente junto à criança, percebendo suas necessidades e aspirações. Tornando seu espaço um espaço de prazer ... (*BI* nº 66).

Todavia, "o que é mais eficaz para atrair leitores é a assistência personalizada aos usuários. (...) Se a narração de histórias, o oferecimento de cursos, encontro de escritores com usuários, a utilização de jogos recreativos, audição de discos e de fitas gravadas, a participação em projetos de filmes, diafilmes e dispositivos [são] recursos valiosos para incentivar a leitura" (*BI* nº 54), nada substitui o prazer do convívio humano transformado em técnica, em instrumento *motivacional.*

Em resumo, pode-se dizer que o promotor *competente* seria aquele capaz de instrumentalizar todo tipo de relação com crianças e jovens, transformando-a em relação interessante-interessada, tendo em vista a produção de estímulos agradáveis que conduziriam fatalmente aos *hábitos de leitura.*

Descartadas críticas ético-filosóficas a propostas como essa, vale a pena discutir suas implicações e seus limites no que diz respeito à funcionalidade, à pretensa eficácia, já que o tecnicismo tem aí um papel destacado, tentando fazer crer que, com *competência,* a *crise da leitura* será vencida em países como o Brasil. Em outras palavras, cada vez mais parece se acreditar no poder das técnicas de estimulação enquanto recurso milagroso, capaz de criar quadros vivos de leitores, independentemente da existência ou não de projetos educacionais e culturais consistentes e abrangentes para a infância.

Assim, o problema mais difícil do encaminhamento dado à formação dos promotores parece decorrer da própria natureza tecnicista da proposta. Segundo tal direção, a formação de pessoas especializadas na manipulação de técnicas de animação seria não só um caminho curto para iniciar crianças nas artes do escrito, como também um recurso seguro para transformá-las em leitores fiéis, permanentemente interessados nos livros. Desde que conhecedor de algumas técnicas, desde que sabendo aplicá-las devidamente, o promotor seria capaz de vencer resistências que afastam crianças e jovens dos livros, independentemente da natureza dessas resistências. *Animada*, a leitura se tornaria fatal e automaticamente um objeto de desejo, em qualquer tempo e geografia, pois, segundo a compreensão tecnicista, processos informacionais específicos correm à margem dos contextos sócio-culturais gerais.

Nesse sentido, resistências colocadas freqüentemente pelas crianças às atividades promocionais são interpretadas quase sempre como inadequação técnica e nunca como manifestação política de recusa a projetos desenvolvidos no mais das vezes arbitrária e artificialmente, desvinculados da experiência cultural dos grupos infanto-juvenis. Para o tecnicismo, crianças seriam seres facilmente dobráveis, sem vontade nem exigências próprias. A rigor, questões educacionais e culturais da infância, como motivação e interesses, se reduziriam simplesmente à escolha certa ou errada da técnica, isto é, se reduziriam à *competência* dos agentes institucionais e sua capacidade de acertar a mão.

Ora, acreditar que promotores munidos de uma tecnologia da leitura feita para todas as circunstâncias conseguirão respostas à falta de fidelidade à leitura — especialmente de crianças pertencentes a classes e grupos sociais excluídos normalmente do circuito do escrito — é atribuir à técnica poderes mágicos que todos sabem que ela não tem. Normalmente, se a animação consegue tocar momentaneamente essas crianças, por uma série de razões não consegue tocá-las permanentemente, como diversas pesquisas em leitura vêm revelando e — mais importante — mesmo em países que não sofrem a penúria cultural que sofremos. A rigor, os problemas da não-leitura são de diferentes origens, e as questões técnicas não se mostram senão como a ponta de um iceberg vastíssimo que é necessário conhecer em toda a sua extensão, se se quiser atuar positivamente sobre ele.

Desse modo, sem formação que atente para a complexidade contida nas relações da criança com a leitura, sem clareza quanto a seu papel, ao lugar da leitura na vida social, aos vínculos profundos existentes entre práticas de leitura, cultura e sociedade, sem conhecimento profundo dos materiais de leitura a serem oferecidos, é difícil imaginar uma situação decisiva de agentes diversos na busca de reversão do quadro atual. O simples domínio de técnicas de animação, baseadas em compreensão restrita do ato de ler, não será certamente capaz de conduzir a ações substanciais. Para que isso ocorra, será necessário vencer o tecnicismo reinante e pensar as técnicas de animação em suas relações com os contextos culturais gerais da infância.

Claro, a superação do tecnicismo não deverá ser tarefa fácil. Na verdade, as opções atuais não são fortuitas, casuais, mas adequação das atividades promocionais às condições impostas pela política de "conciliação" que, como vimos, está na base do "pacto". Ocorre que, concentrando, aglutinando, integrando interesses de diferentes ordens em torno da promoção da leitura, o "pacto" é obrigado a deixar de lado, em suas análises, aspectos fundamentais da questão, que afetam diretamente a natureza e o funcionamento dos sistemas culturais. Desse modo, em sua obstinada busca "conciliadora", o discurso promocional dissolve em suposta neutralidade técnica diferenças (de classes, étnicas, raciais, religiosas, etárias e outras tantas) que atuam diretamente no ato de ler. Tentando satisfazer a todos, paradoxalmente acaba tornando-se incapaz de veicular questões que são vitais aos propósitos do "pacto", além de terminar numa situação que permite pouco mais que o aplauso ou o silêncio diante de políticas que só fazem espalhar instituições aqui e ali, orientando-se em geral pelo exclusivo critério da politicagem e dos benefícios pessoais e de grupos dele resultantes.

Nessa perspectiva, a "conciliação" dificulta o avanço dos esforços promocionais na medida em que obriga a que se reflita e atue a partir de premissas que desprezam o caráter essencial da leitura: sua condição de ato de significação que se define e ganha sentido pleno apenas no jogo social amplo. Sendo assim, tratada como "hábito", como mero comportamento reflexo capaz de ser promovido mediante expedientes artificiais, desvinculada dos conflitos permanentes da dinâmica social, a leitura vê-se ironicamente encerrada nos interesses que pretendem promovê-la, levada a dilemas cuja saída acaba sendo apenas o inconseqüente ativismo tecnicista ou a resignada e silenciosa espera por tempos melhores.

PARTE III:
INFÂNCIA, CULTURA E LEITURA

Se as propostas do "pacto" enfrentam vários e difíceis dilemas decorrentes das condições da infra-estrutura cultural, por outro lado encontram também limites que vão além de questões técnicas e administrativas e que dizem respeito ao modo como as relações entre infância e cultura vêm se desenvolvendo no mundo contemporâneo.

Esses limites são provavelmente mais problemáticos que os anteriormente apontados, uma vez que a "crise da leitura" não aparece aí como mera decorrência do mau funcionamento do sistema cultural, mas como aspecto particular de uma crise geral que atinge diretamente a infância, e que, além de cultural, é também social e política[18].

Nesses termos, tomar conhecimento desta outra crise parece essencial, se se quiser encontrar possibilidades para a leitura de crianças e jovens que fujam aos padrões vigentes. Estes, como se viu, com o tecnicismo que lhes é próprio, com a visão meramente administrativa que revelam, dificilmente conseguirão furar o cerco imposto pelas condições sociais dadas.

O confinamento da infância

Ao se referir à *condição do homem moderno*[19], num de seus agudos ensaios, Hannah Arendt chama a atenção para a existência

---

18. V., a respeito, Hannah Arendt, "A crise da cultura: sua importância social e política", in *Entre o passado e o futuro*. São Paulo, Perspectiva, 1979.
19. Hannah Arendt, *La condition de l'homme moderne*. Paris, Calmann-Lévy, 1961.

de um movimento crescente de *privatização* da vida social a partir da Idade Média européia, especialmente em locais em que a burguesia vai-se constituindo enquanto classe hegemônica.

Na defesa de sua tese, a autora lança mão, por exemplo, da diferença fundamental existente entre o mestre da Antigüidade e o senhor feudal. Este, diz a filósofa, "podia fazer a justiça nos limites de seus domínios, enquanto, para os antigos, mesmo se reinando em sua casa com maior ou menor dureza, o mestre não conhecia nem leis nem justiça fora do domínio político". Por outro lado,

> a inclusão de todas as atividades humanas no domínio privado, todas as relações humanas se concebendo a partir do modelo das relações familiares, marcou profundamente as organizações profissionais especificamente medievais nas cidades: guildas, confrarias, corporações e até as primeiras companhias comerciais em que a comunidade familiar original parece se exprimir, ainda na própria palavra companhia (*cum-panis*) ... e em locuções como "pessoas que comem o mesmo pão", "homem dividindo o pão e o vinho!"[20].

Como se pode ver, a *privatização* a que se refere a autora recobre não apenas o espaço doméstico, do lar, mas também parte do espaço social amplo, neste caso o espaço do trabalho, no momento em que este passa a ser compreendido "a partir do modelo das relações familiares". Na verdade, afirma Arendt, inventada na Idade Moderna pela burguesia, a sociedade não é senão a expressão do "doméstico, de suas atividades, de seus problemas, de seus processos de organização, saindo da penumbra do lar para se instalar sob as luzes do domínio público"[21]. Por isso, continua,

> aquilo que chamamos de surgimento do social coincidiu historicamente com a transformação em interesse público do que era noutros tempos questão individual referente à propriedade privada. A sociedade, ao penetrar no domínio público, travestiu-se em organização de proprietários que, ao invés de pedirem acesso ao domínio público em razão de sua fortuna, exigiram ser protegidos, a fim de poderem aumentar essa fortuna[22].

Nesse sentido, o domínio do social nos tempos modernos não se confunde imediatamente com o domínio do público, tal como concebido na Antigüidade. Ao se apresentar enquanto extensão do do-

---

20. Hannah Arendt, *La condition...* , p. 47.
21. *Idem, ibidem.*
22. *Idem*, p. 79.

mínio familiar, o social passa a ser regido pelos interesses privados, identificando-se com eles.

Diz Arendt:

> O traço distintivo do domínio familiar era que os homens viviam aí juntos por causa das exigências e necessidades que os obrigavam a isso. Eles obedeciam a uma força que era a própria vida (...) A comunidade natural do lar nascia, em conseqüência, da necessidade, e a necessidade regia todas as atividades. (...) [Em vista disso], a força e a violência se justificavam nessa esfera como únicos meios de se dominar a necessidade (por exemplo, governando escravos) e se liberar para a vida da "polis".

Ao contrário do domínio privado,

> o domínio da "polis" era o da liberdade; se havia uma relação entre os dois domínios, era natural que a família assumisse as necessidades da vida como condição da liberdade da "polis". Esta se distinguia da família na medida em que ela não conhecia senão "iguais", enquanto a família era a sede da mais rigorosa desigualdade. Ser livre significava que se estava livre das necessidades da vida e das ordens dos outros, assim como se estava liberado de comandar. Tratava-se de nem se sujeitar, nem ser chefe[23].

Em resumo, o que segundo Arendt assistiremos nos tempos modernos será a absorção crescente do espaço da *liberdade* pelo da *necessidade*, do domínio público pelo privado, ou, ainda, a fusão dos dois no domínio social. Para a pensadora, o conceito de *bem comum* que aparece na Idade Média, "longe de denotar a existência de um domínio político, reconhecia simplesmente que os indivíduos têm em comum interesses materiais e espirituais". Na realidade, arremata Arendt, a sociedade que vigorará a partir da Idade Moderna não passará de "um híbrido no qual os interesses privados ganham uma importância pública"[24].

Nesse contexto de estrangulamento do político, de redução crescente do espaço público e de sua transformação em espaço social privado, governado por proprietários "que não buscam senão aumentar as próprias fortunas", ocorrerão mudanças fundamentais nas formas de conceber e organizar a infância. Como não poderia deixar de ser, a *privatização* das relações sociais alcança a vida infantil, fazendo também que crianças e jovens se distanciem cada vez mais do que resta de vida pública, à medida que a ordem burguesa vai-se

---

23. Hannah Arendt, *La condition...*, p. 41.
24. *Idem*, p. 45.

constituindo. Com a burguesia, pouco a pouco e à medida que a urbanização evolui, a infância passa a viver confinada nos espaços propriamente privados — os espaços domésticos — ou nesses *híbridos*, ao mesmo tempo sociais e privados — os espaços confinados especializados (escolas, internatos, creches e outros).

Em sua *História social da criança e da família*, concordando com a tese da *privatização* geral e progressiva da vida social e sua conseqüente despolitização, Ariès descreve como o processo atinge particularmente a infância européia:

> Na Idade Média, no início dos tempos modernos, e por muito tempo ainda nas classes populares, as crianças misturavam-se com os adultos assim que eram consideradas capazes de dispensar a ajuda das mães ou das amas, poucos anos depois de um desmame tardio, ou seja, aproximadamente aos sete anos de idade. A partir desse momento, ingressavam imediatamente na grande comunidade dos homens, participando com seus amigos jovens ou velhos dos trabalhos e dos jogos de todos os dias. O movimento da vida coletiva arrastava numa mesma torrente as idades e as condições sociais, sem deixar a ninguém o tempo da solidão e da intimidade. Nessas existências densas e coletivas não havia lugar para um setor privado. A família cumpria uma função — assegurava a transmissão da vida, dos bens e dos nomes —, mas não penetrava muito longe na sensibilidade[25].

Todavia, a partir do século XV, a situação começa a se alterar. Inicialmente, de forma bastante lenta, para depois ir tomando corpo e mostrar-se de forma totalmente nova nos séculos XVIII e XIX. Desse modo,

> a família e a escola retiraram juntas a criança da sociedade dos adultos. A escola confinou uma infância outrora livre num regime disciplinar cada vez mais rigoroso, que nos séculos XVIII e XIX resultou no enclausuramento total do internato. A solicitude da família, da Igreja, dos moralistas e dos administradores privou a criança da liberdade de que ela gozava entre os adultos. Infligiu-lhe o chicote, a prisão, em suma, as correções reservadas aos condenados das condições mais baixas.

Assim, ao redor do século XVIII, "a família acabava de se reorganizar em torno da criança e erguia entre ela mesma e a sociedade o muro da vida privada[26].

---

25. Philippe Ariès, *História social da criança e da família*. Rio de Janeiro, Zahar, 1978, p. 273.
26. *Idem*, p. 277-278.

O confinamento traz, como é natural, conseqüências ao cotidiano da infância. Assim,

> se durante séculos os mesmos jogos foram comuns às diferentes condições sociais, a partir do início dos tempos modernos, porém, operou-se uma seleção entre eles: alguns foram reservados aos bem-nascidos, enquanto outros foram abandonados ao mesmo tempo às crianças e ao povo[27].

Do ponto de vista do sistema escolar, o processo não é diferente.

> As escolas de caridade do século XVII, fundadas para os pobres, atraíam também as crianças ricas. Mas, a partir do século XVIII, as famílias burguesas não aceitaram mais essa mistura, e retiraram suas crianças daquilo que se tornaria um sistema de ensino popular, para colocá-las nas pensões ou nas classes elementares dos colégios, cujo monopólio conquistaram. Os jogos e as escolas, inicialmente comuns ao conjunto da sociedade, ingressaram então num sistema de classes. Foi como se um corpo social polimorfo e rígido se desfizesse e fosse substituído por uma infinidade de pequenas sociedades — as famílias, e por alguns grupos maciços —, as classes[28].

Nas novas condições, os indivíduos se aproximariam pela

> semelhança moral e pela identidade de seu gênero de vida. (...) Chegou um momento em que a burguesia não suportou mais a pressão da multidão, nem o contato com o povo. Ela cindiu-se: retirou-se da vasta sociedade polimorfa para se organizar à parte, num meio homogêneo, entre suas famílias fechadas, em habitações previstas para a intimidade, em bairros novos, protegidos contra toda contaminação popular. O sentido de família, o sentimento de classe, e talvez, em outra área, o sentimento de raça surgem, portanto, com as manifestações da mesma intolerância diante da diversidade, de uma mesma preocupação com a uniformidade[29].

Enquanto fenômeno social de caráter classista, a *privatização* significou, portanto, não apenas o rompimento crescente de vínculos da infância com a geografia da cidade, mas também o afrouxamento de vínculos que possibilitavam a experiência direta da diversidade da *polis*. Confinada tanto na intimidade da família, nos es-

---

27. Philippe Ariès, *op. cit.*, p. 278.
28. *Idem, ibidem.*
29. *Idem*, p. 278-279.

paços domésticos, quanto nos espaços especializados (que a luta de classes transformava também em espaços privados, apesar de coletivos), a infância, à medida que vai-se inscrevendo na ordem burguesa, vê reduzidas suas possibilidades de relacionamento com a diferença, a multiplicidade, *o outro*. Em contrapartida, aumenta sua exposição ao idêntico, ao uniforme de classe, ao mesmo dos espaços confinados. Noutras palavras, sob a burguesia, as relações diversidade/uniformidade sócio-cultural serão vividas de forma nova pela infância. Desde a Idade Média, na Europa, à medida que a burguesia avança, vão ocorrendo transformações na vida social que, do ponto de vista da infância, significarão abandono do privilégio concedido à diversidade sócio-cultural em favor do privilégio da uniformidade, ou seja, da integração aos modelos sócio-culturais burgueses.

A *privatização* produziu, porém, mais que esse deslocamento sócio-cultural. Produziu, também, importante alteração política na vida de crianças e jovens. Encerrada no mundo da família e das instituições especializadas, como a escola, à medida que ganha em proteção, a infância vai perdendo autonomia, liberdade. Como nota Ariès, referindo-se à França pré-revolucionária, uma característica essencial do

> colégio dos tempos modernos reside na introdução da disciplina. Esta se estenderia gradualmente dos colégios às pensões particulares onde moravam os alunos, e, em certos casos, ao conjunto da cidade, embora na prática sem muito sucesso. Os mestres tenderam a submeter o aluno a um controle cada vez mais estrito, no qual as famílias, a partir do fim do século XVII, cada vez mais passaram a ver as melhores condições de uma educação séria. Chegou-se a aumentar os efetivos outrora excepcionais dos internos, e a instituição ideal do século XIX seria o internato, quer fosse um liceu, um pequeno seminário, um colégio religioso ou uma escola normal. Apesar da persistência dos traços arcaicos, a disciplina daria ao colégio do Ancien Régime um caráter moderno que já anunciava nossos estabelecimentos contemporâneos. (...) A criança, enquanto durava sua escolaridade, era submetida a uma disciplina cada vez mais rigorosa e efetiva, e essa disciplina separava a criança que a suportava da liberdade do adulto[30].

Pelas descrições de Ariès, pode-se perceber, portanto, as repercussões da *privatização*, do confinamento sobre a autonomia dos grupos infanto-juvenis, impedidos de circular livremente pelos espaços urbanos. Na verdade, *escolarização* caracterizar-se-á antes de mais nada por um processo crescente de controle dos grupos infanto-ju-

---

30. Phillipe Ariès, *op. cit.*, p. 191.

venis pelas instituições de educação e cultura, apoiadas em três pontos básicos: "a vigilância constante, a delação erigida em princípio de governo e em instituição, e a aplicação ampla de castigos corporais"[31].

Desse modo, aliadas às famílias, ao mesmo tempo que ofereciam instrução, as instituições escolares ofereciam regras de convivência prontas e restritas, a serem seguidas por uma infância cada vez mais submetida e apartada do mundo.

> Antes do século XV, o estudante não estava submetido a uma autoridade disciplinar extracorporativa, a uma hierarquia escolar. Mas tampouco estava entregue a si mesmo. (...) O menino entrava então para uma dessas associações, corporações ou confrarias (...) que, através de exercícios devotos ou festivos, do culto religioso, de bebedeiras ou banquetes, mantinham vivo o sentimento de sua comunidade de vida. (...) A partir do fim da Idade Média, esse sistema de camaradagem encontraria na opinião influente uma oposição crescente, e se deterioraria gradativamente, até aparecer ao final como uma forma de desordem e de anarquia. Em sua ausência, a juventude escolar seria organizada com base em novos princípios de comando e de hierarquia autoritária[32].

Historicamente, pois, o confinamento da infância conduziu à perda de antigas autonomias, embora, a partir do século XIX, tenha-se assistido, por exemplo, a certo *relaxamento da antiga disciplina escolar*. Na realidade, a permanência nas instituições de educação e cultura, afinadas com o espaço doméstico e com os valores dominantes, significará para a infância a observação obrigatória de regras e padrões que obedecem a uma lógica que não é necessariamente a de seus desejos e interesses próximos, e tampouco a dos interesses gerais da sociedade. Em outras palavras, o espaço de resistência da infância ao modelo cultural burguês vai progressivamente diminuindo no mundo moderno, ao mesmo tempo que diminuem suas possibilidades de organização cultural autônoma no espaço público da *cidade*. Como lembra Florestan Fernandes[33], através dos folguedos de rua a criança pode desenvolver

> relações com pessoas que possuem, aproximadamente, a mesma idade, os mesmos centros de interesses, a mesma concepção de mundo e o mesmo prestígio social. Ela pode (...) inserir-se num mundo social

---

31. Philippe Ariès, *op. cit.*, p. 180.
32. *Idem*, p. 178-179.
33. Florestan Fernandes, *Folclore e mudança social na cidade de São Paulo*, 2ª ed. Petrópolis, Vozes, 1979, p. 118.

em que as relações sociais deixam de ser, por natureza e inevitavelmente, assimétricas, como ocorre no convívio com os adultos, os pais, os vizinhos, os professores, etc.

Em conclusão, o confinamento da infância ocasionou-lhe sérios problemas sócio-político-culturais. A cultura produzida pela infância livremente nos espaços públicos foi progressivamente sendo assimilada pelos espaços privados à medida que a urbanização e a vida burguesa avançavam. Em decorrência disso, alteram-se para crianças e jovens as relações que mantinham com categorias sócio-culturais, como diversidade/uniformidade, e categorias políticas, como autonomia/controle. Ligadas ao espaço público, com o processo burguês de *privatização*, diversidade e autonomia acabam tendo que ceder parte de seus terrenos à uniformidade e ao controle dos espaços privados. Sem poder brincar livremente pela cidade, a criança perde não apenas o espaço físico, mas sobretudo altera estruturalmente suas condições de produzir e de se relacionar com a cultura, com a sociedade, com a vida política.

Sendo assim, problemas culturais como o da leitura devem levar em consideração essas condições dos pares diversidade/uniformidade e autonomia/controle nos tempos atuais, uma vez que as relações da infância com os livros mantêm estreitos vínculos com eles.

Antes de buscar o estabelecimento de pontes entre o confinamento e a leitura, vale a pena uma palavra sobre a questão em nosso contexto específico, já que as referências à *privatização* são tomadas a autores que aludem a realidades diversas da nossa. Assim, se o confinamento em instituições especializadas é uma característica do modelo educacional burguês, países como o Brasil não se enquadram ainda totalmente no modelo. Se no Primeiro Mundo, desde cedo, é comum crianças permanecerem em instituições especializadas em tempo integral, aqui a permanência diária na escola — quando se verifica, é bom sempre lembrar — na maioria das vezes corresponde a um período curto, quatro a cinco horas, nos melhores casos. O confinamento, entre nós, se tende hoje a ocorrer de forma plena, funciona em geral de forma combinada (espaços especializados mais espaços domésticos), especialmente nas grandes cidades e nas classes burguesas. Além disso, pode-se observar, ainda, sobretudo em regiões menos urbanizadas das grandes aglomerações e em pequenas cidades, a presença marcante de grupos infanto-juvenis brincando e produzindo cultura nas ruas, em situações em alguns aspectos semelhantes às descritas por Ariès, e que correspondem a períodos que na Europa precedem a vitória da ordem burguesa.

Contudo, dadas as mudanças decorrentes da modernização capitalista pelas quais há algumas décadas o país vem passando, o confinamento aparece hoje como tendência em franca ascensão na sociedade brasileira, em todos os níveis. Assim, seja pelas alterações ocorridas nos quadros familiares, com a entrada decisiva da mulher no mercado de trabalho, seja pelas alterações do quadro urbano — invasão da cidade pelo automóvel, ocupação indiscriminada das áreas livres pela corrida imobiliária, violência urbana —, a verdade é que o segmento adulto reclama cada vez mais a criação de instituições especializadas capazes de guardar e educar crianças e jovens por períodos prolongados, tal como ocorre em países desenvolvidos.

Dessa forma, se o confinamento — sobretudo o confinamento em instituições especializadas — não é um dado que pode ser constatado pacificamente em sua forma acabada no momento atual brasileiro, ele é, todavia, tendência que vai caminhando para sua realização, à medida que os padrões culturais e educacionais burgueses avançam entre nós, produzindo o fenômeno que Ariès chamou de *escolarização da infância.*

É importante ainda notar que o confinamento não avança apenas: ele é solução desejada por adultos de qualquer parte, de qualquer categoria social e, estranhamente, de diferentes colorações ideológicas. E não da forma combinada, como muitas vezes vem ocorrendo, mas de forma plena, total, estrutural, tal como se deu em muitos países onde a ordem burguesa triunfou completamente.

O confinamento da infância e a leitura: a leitura sem a cultura

O movimento de reordenação da vida social sob a burguesia conduziu à redefinição das relações entre categorias sócio-culturais (diversidade/uniformidade) e políticas (autonomia/controle), provocando efeitos decisivos sobre a infância. À medida que foi avançando e privilegiando aspectos de *privatização* da vida social, a cultura burguesa foi também impondo relações culturais que crianças e jovens até então pareciam desconhecer.

Desse modo, ao surgir como atividade dependente e intimamente ligada aos espaços confinados especializados, impedida de se desvincular das condições institucionais gerais, a promoção da leitura poderá, entre outras coisas, significar pouco mais que uma atividade a serviço da reafirmação desse mesmo processo geral de *privatização* que atingiu a infância e sua cultura. Realizada nesse contexto de *escolarização*, corre sérios riscos de não passar, na verdade, de um entre os muitos recursos que visam à adaptação da criança à sua condição confinada, isto é, à adaptação a uma vida voltada prioritariamente para interesses privados. Sem vínculos diretos e estreitos com a diversidade da *polis*, fechadas nos interesses particularistas do mundo burguês, as instituições especializadas voltadas ao atendimento de crianças e jovens, na sua maioria, tendem a assimilar e integrar, até involuntariamente, suas atividades na perspectiva da ordem social hegemônica, ou seja, na perspectiva da *privatização*.

Nesse sentido, enquanto instrumento inscrito num projeto particularista, classista, a leitura tenderá também a aparecer dissociada da cultura, entendida da forma como a define Hannah Arendt em *A crise da cultura*: "modo de relação dos homens com as coisas do mundo". Presa a contextos privatizantes, ao invés de se vincular ao *mundo*, lugar da liberdade e da cultura, a leitura corre o sério risco de se esgotar num uso utilitário, ligado à esfera da produção, da necessidade, das *coisas da vida*. Sendo assim, acaba sendo proposta para a infância não em função de seus interesses abrangentes, seus desejos mais profundos e vibrantes, como por exemplo a apropriação, a compreensão, a participação do e no *mundo*, mas em função de interesses imediatistas, pragmáticos, produtivos incrustados nas instituições especializadas e por elas definidos; interesses, de resto, que obviamente não conseguem tocar fundo crianças e jovens, sobretudo porque desvinculados daqueles mais abrangentes e fortemente motivadores — os do *mundo*.

A persistir, portanto, essa característica privatizante que dificulta a formulação por parte de instituições especializadas de projetos verdadeiramente *culturais*, projetos que as coloquem na perspectiva do *mundo*, parece difícil vislumbrar, a partir delas, melhor sorte para a leitura que a de instrumento fornecido sob medida a futuros agentes necessários ao mundo dos negócios e da produção. A rigor, se tomarmos as referências de Arendt, esse parece ser não apenas o destino da leitura, mas da própria cultura nos tempos modernos, quando os atos humanos tenderam a ser referendados pela adequação à esfera privada, ao novo lugar definidor das significações — o mercado.

Além disso, esse pragmatismo, como pôde observar Ecléa Bosi ao pesquisar o universo de leitura de operárias da Grande São Paulo[34], converte-se facilmente em bovarismo, *estruturas de consolação*, ou, ainda, segundo Arendt, em lazer, isto é, comportamento subordinado à esfera da produção, do econômico, uma vez que sua medida é dada pelo trabalho destinado à satisfação de necessidades

---

34. Ecléa Bosi, *Cultura de massa, cultura popular: leituras de operários*. Petrópolis, Vozes, 1972.

vitais. Assim, inserida totalmente nesse jogo de interesses imediatistas da produção, *pragmatizada*, a leitura dificilmente consegue ser descoberta como ato verdadeiramente cultural, como ato de troca simbólica de sentidos que verdadeiramente digam respeito a nosso estar-no-mundo. Em outras palavras, ao reforçar os vínculos com a *vida*, o utilitarismo dificulta a descoberta da leitura enquanto forma de relação com o *mundo*. Colocada à margem do processo cultural vivo, protegida dos conflitos inevitáveis da vida social, a infância encontra todo o tipo de dificuldades para descobrir as imensas possibilidades do ato de ler. Numa situação em que a cultura não lhe concerne, a leitura acaba facilmente sendo percebida da mesma forma, ou, então, reduzida a seus simples aspectos utilitários, como, de resto, ocorre também com outros processos de conhecimento.

O confinamento, todavia, não atinge apenas aspectos de motivação e desinteresse. Atinge também as significações, o objeto propriamente dito da leitura, uma vez que os sentidos dos textos emergem do confronto entre suas virtualidades e as experiências do leitor.

Em tais circunstâncias, isolada nos espaços privados, ao ver reduzidas suas possibilidades de experimentar e de expor-se à diversidade, a infância acha-se pauperizada culturalmente e é nessas condições que se relaciona com os textos que lhe são propostos nos espaços institucionais. Com um repertório cultural constituído basicamente de referências provindas de seu mundo privado, a criança acaba se relacionando com os textos a partir desse repertório reduzido, ou seja, a partir de posições e valores ligados a contextos em que os interesses da *vida* prevalecem sobre os do *mundo*.

O resultado de tal situação é uma tendência geral de reforço da uniformidade, de redução das significações aos paradigmas oferecidos pelo repertório privado, seja no plano cognitivo ou motivacional. E, se tal circunstância fosse apenas ponto de partida, início de processo, talvez se pudesse encará-la com alguma naturalidade. Afinal, em nossa cultura, o repertório particular da família é, quase sempre, o primeiro sistema de referências a mediar as relações da criança com o mundo das significações.

Todavia, a *privatização* não apenas confina a infância em locais apartados dos interesses gerais da *cidade*, como também, ao estender o período de permanência nas instituições especializadas até fases adiantadas da vida, condiciona as bases de formação de repertórios praticamente a esses locais. Assim, perdendo a possibilidade de alargar desde cedo seus contatos com a diversidade, a infância protegida dos tempos modernos vê a possibilidade de ampliação de seu repertório cultural adiada para períodos posteriores aos de sua formação. O *substratum*, as bases ficam, por assim dizer, praticamente expostos apenas ao espaço privado e a seus interesses, ou, como se verá, às referências obtidas por vias indiretas, através da produção cultural (livros, revistas, televisão...).

Em tais condições, a pauperização não é apenas um dado cultural, mas também político, na medida em que, de algum modo, tenta render a infância à ótica dos interesses dominantes, impedida que está de buscar instrumentos de crítica no mundo público. Na verdade, o bloqueio que lhe impede o acesso à experiência direta da diversidade não apenas a desmotiva e empobrece, dificultando-lhe argumentações fora dos limites a que está habituada, mas também a fragiliza, fazendo com que não possa contar senão consigo mesma, quando se trata de enfrentar interesses que não coincidem com os do seu reduzido universo.

A fragilização da infância não decorre apenas da pauperização cultural, mas também das condições impostas pelo confinamento. Diferentemente do que ocorre com os grupos auto-organizados e autogeridos das ruas da cidade, nas instituições especializadas atuais, os adultos, valendo-se de sua condição etária, definem e procuram impor regras de convivência, de organização, objetivos, estratégias, condutas e modos de atuar. E estes quase nunca coincidem com interesses não-pragmáticos que a infância possa revelar.

Claro, apesar de tudo, há resistências, e não se pode dizer que todas as práticas e todas as significações se reduzam inapelavelmente à vontade adulta, sem que as crianças atuem sobre elas. Como se sabe, há sempre esferas de desejo que não se rendem a normas, por mais rígidas que elas possam ser. Além disso, não se pode minimizar ou desprezar diferenças e contradições existentes no interior das instituições e nascidas de diversos pontos, entre os quais as próprias características das faixas etárias. Todavia, a tendência à uniformidade é, nas condições atuais, regra geral da qual nem sempre os grupos infantis conseguem se livrar, apesar de resistirem.

Para entender as dificuldades impostas às significações decorrentes de tal estado de coisas, basta que se pense nos exercícios de interpretação de textos a que são submetidas as crianças no dia-a-dia escolar. No geral, as respostas já estão dadas e não podem fugir ao padrão fixado *a priori*, situação que impõe ao signo uma única direção, obrigando que todos o interpretem na mesma perspectiva, a da instituição. Leituras divergentes quase nunca são reconhecidas, devendo, se existirem, ser silenciadas, guardadas, caso o leitor não queira se expor a algum tipo de sanção. E situações como essa ocorrem a todo momento no interior das instituições; ali, a todo momento está-se interpretando, codificando, *lendo* o mundo para as crianças. E ai daquele que, movido por estímulos vindos não se sabe de onde, insiste nos caminhos da polissemia, da diferença, da diversidade...

A gravidade do problema e de seus desdobramentos talvez esteja sintetizada numa história contada nas páginas do *BI* nº 66. O relato ilustra à perfeição as dificuldades de reconhecimento da diferença, brotada, no caso, da imaginação infantil. Assim,

> diante de uma ilustração recortada de um livro, a professora reclama com o menino, que tem nas mãos a "prova do crime" — a figura do Patinho Feio. Por que você fez isso? Não sabe que o livro é para ser lido e não recortado? Aí, diz o menino: Mas eu cortei o Patinho Feio para tirar ele daquela família que não gostava dele. Agora ele é meu, e eu gosto dele...

Se, de um lado, o exemplo serve para mostrar que a imaginação infantil, apesar de tudo, resiste heroicamente às pressões da uniformidade, ao jogo de forças da instituição, serve também para mostrar as dificuldades que o confinamento acarreta à expressão pessoal da criança, às interpretações divergentes dos códigos, na medida em que estas, no âmbito institucional, estão sujeitas aos interesses promotores da *privatização*.

Nesse sentido, são compreensíveis as dificuldades do lúdico nas instituições destinadas a crianças e jovens. Elemento constitutivo da cultura infantil, forma desinteressada de crianças e jovens se apropriarem do mundo e de suas significações, o lúdico nas instituições transforma-se em lado instrumental, pragmático, recurso didático, isca para obter adesões e comportamentos previamente esperados. Em verdade, o lúdico presente nos programas de promoção da leitura não passa de pálido e mesquinho reflexo do lúdico livre e solto que os grupos infantis desenvolvem quando, apartados dos adultos, tomam para si sua vida e sua cultura. Como diz Florestan Fernandes, em condições como a dos jogos e brincadeiras de ruas, se há processo educativo, este subordina-se ao desejo superior de brincar. Nas instituições, ao contrário, o lúdico é aprisionado, transformado em mais uma função educativa a serviço da formação do futuro produtor, em mais uma função do mundo econômico.

Por fim, o confinamento da infância atinge a leitura também de outro modo. Dadas as condições impostas aos grupos infanto-juvenis, o papel compensatório, vicário da leitura acaba hipertrofiado, como se a experiência direta do mundo pudesse ser substituída completamente pela experiência simbólica. Assim, ao negar à infância a oportunidade de se relacionar ampla e livremente com o espaço público, o modelo cultural burguês propõe-lhe, em troca, viver tais relações através de uma produção cultural preparada *por* adultos especialmente *para* ela, e a ser consumida com os referentes e nos limites dos espaços privados.

Os problemas decorrentes do modelo são muitos. Em primeiro lugar, o fato de essa produção ser feita *por* adultos *para* crianças impõe-lhe certas direções das quais não se pode escapar. Por exemplo, não se pode negar que essa produção expressa uma visão de mundo filtrada sempre pelos interesses dos adultos produtores. Na realidade, a produção cultural preparada *para* a criança mostra-lhe não aquilo que ela, criança, seleciona, mas no máximo o que o aparelho produtor julga ser do interesse dela. Em tais condições, o olhar da criança sobre o mundo acha-se desviado, dirigido para objetos tidos pelos adultos produtores como merecedores de suas atenções.

Claro, toda produção cultural seleciona, dirige o olhar para certos objetos, seja ela para crianças ou não. Todavia, quando os produtos da cultura aparecem associados a um quadro de confinamento, eles passam a atuar sobre um vazio significativo e assumem o papel de preencher sentidos que, de outra forma, seriam preenchidos pelo que Freire chamou de *leitura do mundo.* Em tais condições, os produtos culturais são forjados como construção, destinados a modelar o real, e não a dialogar com ele. Além disso, quando se sabe dos interesses envolvidos no mercado cultural, não é possível deixar de manifestar preocupação com o significado desse processo na vida de crianças e jovens.

Todavia, há outro dado talvez mais preocupante nessa situação. Trata-se da equivalência implícita estabelecida entre vivência direta e vivência simbólica. Assim, ao estrangular a vida pública da infância, o modelo cultural burguês oferece-lhe representações, imagens da vida da *polis*, como se estas pudessem ser idênticas a seus referentes, como se o mundo concreto das relações sociais amplas pudesse não apenas ser substituído por seus ícones, mas transformado neles mesmos, tornando-se aquilo que simulam, tal qual ocorre em rituais mágicos.

Em decorrência, o simbólico aparece como espelho, duplicação do concreto, da experiência direta, podendo funcionar como compensação de perdas que seriam recuperadas plenamente na e pela linguagem. Nesse sentido, viver o mundo ou viver a linguagem são processos semelhantes que podem ser intercambiados sem prejuízo para nenhum dos lados.

Ao negar, pois, à infância a experiência direta da multiplicidade e da liberdade da *cidade,* o modelo cultural burguês propõe-lhe em troca atos lingüísticos cujos referentes são sempre outros atos lingüísticos, sem condições de se confrontar com o real; propõe-lhe a linguagem transformada em labirinto sem saída, em espelho que reflete sempre as mesmas imagens, num jogo narcisista cada vez mais emaranhado, complexo e inconcluso.

Acreditar, pois, que promover a leitura nesses termos possa abrir caminho para o aflorar da cultura significa identificar tal processo com ideologias que pretendem fazer crer na possibilidade de um mundo sem entranhas nem véus, um mundo perfeitamente nomeável e nomeado, capaz de se esgotar no e pelo discurso.

Desse modo, sem questionar as condições culturais a que está submetida a criança, sem relacionar a promoção da leitura e tais situações, parece difícil criar condições que facilitem a descoberta de pontes entre leitura e cultura, ou seja, entre leitura e o universo de relações, valores, objetos, concepções que sobrevivem à nossa precariedade — o *mundo*.

Por outro lado, sem a descoberta dessas pontes parece que não se conseguirá sustentar e aguçar o interesse de crianças e jovens pelos livros, pois, no fundo, estes são memória, documentos onde a humanidade, através dos séculos, vem registrando e projetando suas lutas, medos, sonhos e esperanças — sua cultura.

Vencendo o confinamento: o leitor na cultura

Apesar da crescente aceitação social das propostas de promoção da leitura nos moldes mostrados, parece importante trilhar novos caminhos caso se deseje que a leitura seja um ato verdadeiramente cultural e não apenas *hábito* destinado a fins pragmáticos imediatistas.

Assim, seguindo os passos de nosso trabalho, poderíamos dizer que talvez o primeiro esforço efetivo em direção a esses caminhos esteja na dessacralização, na superação de concepções salvacionistas do ato de ler e de sua promoção, sobretudo porque em época como a nossa, de múltiplos recursos informacionais, se a leitura do escrito se mantém essencial, não é, por outro lado, canal exclusivo de acesso à informação e à cultura. Na realidade, hoje, vários outros meios cumprem tais funções, meios que, se não excluem, com certeza redimensionam a leitura na vida social.

Nesse nível, é preciso vencer posições e preconceitos que continuam arraigados na cultura, inclusive porque discursos míticos, messiânicos não conseguirão deter avanços tecnológicos que ampliam os recursos informacionais e expressivos da humanidade. Nos dias atuais, essa espécie de *religiosidade da leitura* soa não apenas como algo retoricamente ultrapassado, mas sobretudo como recurso ineficaz para enfrentar dificuldades culturais. Parodiando Benjamin[35], talvez se possa dizer que a leitura no mundo contemporâneo deve perder definitivamente a *aura*, a fim de conseguir condições de reprodutibilidade.

Dessacralizar a leitura não significa, todavia, profaná-la, integrá-la e reduzi-la ao circuito estreito do consumo e dos interesses particularistas nele contidos, não significa encerrá-la em preocupações utilitaristas de ordem meramente econômica, visando à simples formação de leitores necessários à vida produtiva.

Nesse sentido, torna-se necessário redirecionar os processos atuais de promoção, concebê-los de forma não-tecnicista, inscrevê-los em projetos educativo-culturais preocupados em contemplar, acima de tudo, a expressão cultural da infância em toda a sua diversidade e autonomia. Pensar a promoção em níveis técnico-administrativos isolados, pensá-la independentemente das condições a que estão submetidos o conhecimento e a infância nos espaços especializados parece atitude a ser superada por todos aqueles que desejam uma leitura descoberta em todas as suas possibilidades culturais.

Nessa perspectiva, deve-se lembrar que o confinamento não é um dado meramente geográfico, espacial. Se apresenta traços dessa natureza, não tem nisso seu problema maior. Na verdade, o isolamento físico, o afastamento da infância do território livre da cidade não é senão um aspecto de um modelo sócio-político-cultural, e é nesse nível que ele é verdadeiramente problemático. Como mostrou Ariès, ao reduzir o espaço físico da infância, a ordem cultural burguesa pretendeu evitar não propriamente a amplidão territorial e seus perigos potenciais, mas o acesso à diversidade sócio-cultural e suas pressões sobre a formação de categorias mais abastadas. Em outros termos, a redução do espaço significou sobretudo a inserção da infância nas condições impostas pelas regras de estratificação social, pois a *privatização* representou a transposição dos princípios classistas à vida infantil e juvenil.

Por essas razões, se novos caminhos dependem da dessacralização da leitura, dependem também da luta para romper o confinamento sócio-político-cultural imposto pelo modelo burguês. Se a tendência à permanência de crianças e jovens nos espaços especializados parece irreversível — já que desejada socialmente não só aqui, mas em todas as partes do mundo em que se reclama a criação de creches, escolas, bibliotecas, centros de cultura —, a tendência ao confinamento sócio-político-cultural não o é, já que concentração de território não significa, automaticamente, redução dos vários

---

35. Walter Benjamin, "A obra de arte na época de suas técnicas de reprodução", in W. Benjamin e outros, *Textos escolhidos*. São Paulo, Abril Cultural, 1975, p. 7-34 (Os Pensadores).

níveis da vida social. Esta é, antes, opção histórica feita por uma classe para a qual a diversidade e a autonomia sempre foram ameaças.

Desse modo, a partir de premissas históricas de natureza diversa das que estão no centro do modelo cultural hegemônico, é possível imaginar novas condições, novas instituições de educação e cultura para a infância. Trata-se, antes de mais nada, de quebrar os muros imaginários que isolam os espaços especializados, resgatando a infância para a diversidade dos espaços públicos. Trata-se de fazer dos espaços especializados espaços transitivos que não só acolhem em seu interior múltiplas manifestações, mas que também lançam a infância para fora do mundo especializado e fragmentado da instituição, estimulando o contato direto e a apropriação de manifestações que ocorrem no espaço social amplo.

Mas, para que tais condições se cumpram, não basta resgatar a diversidade nas instituições especializadas e a partir delas. É preciso, também, que se resgate a autonomia da infância, comprometida pelo processo de *privatização*. Em outras palavras, não basta que a instituição se transforme em espaço transitivo, em ponte que liga o espaço doméstico ao espaço público. Torna-se necessário que as relações de poder no interior das instituições sejam redefinidas em função de novos projetos culturais e educacionais para a infância. Esta se encontra num círculo vicioso em que a pauperização cultural gera fragilização política e vice-versa. Daí a necessidade de superação das atuais relações de poder adulto/criança. Caso se deseje alterar os rumos atuais, não há outra alternativa neste nível senão uma revisão radical do ser-criança e do ser-adulto em nosso mundo. Se continuarem vigorando as concepções dualistas, parece difícil obter mudanças substanciais no quadro atual do poder.

Nesse aspecto, se na nova situação os grupos infanto-juvenis já não podem estar totalmente distantes das vistas adultas, eles necessitam, todavia, estar sujeitos a condições que lhes possibilitem organizar-se sem imposições, tão presentes nos atuais espaços especializados, decorrentes de interesses hegemônicos que pouco ou nada têm a ver com os da infância enquanto classe de idade.

Claro que é difícil, se não improvável, superar esse obstáculo. As referências de Ariès à escalada da disciplina nas escolas mostram que o autoritarismo institucional não é dado natural, resultante de necessidades superiores de preservação e de transmissão do patrimônio cultural comum. O autoritarismo decorre, antes, de razões históricas que tentam obrigar crianças de todas as classes a interiorizar, assimilar, aderir à ordem social constituída.

Pretender, assim, novas relações de poder no interior das instituições significa adotar novas premissas históricas e, além disso, enfrentar séculos de uma tradição que não existe gratuitamente e que está arraigada no fundo de cada um de nós. Nesse sentido, nossas condições limitam muito objetivos e ações que apontam para novos caminhos, inviabilizando-os em muito casos.

Apesar disso, se não é possível pensar em alterações gerais e globais fáceis e imediatas, a luta diária e concreta por pressupostos que divergem dos que sustentam a ordem dominante vai permitindo o surgimento de espaços institucionais com novas características, capazes não só de estimular, respeitar, reconhecer a expressão cultural da infância, como de instigar, provocar, alimentar de várias formas as relações de crianças e jovens com o conhecimento, a cultura, a leitura, o mundo. Mesmo se localizadas, restritas, marginais, essas iniciativas mostram a capacidade que tem a infância de se envolver, se interessar, se maravilhar com os conteúdos guardados nos textos. Posta em condições de experimentar os vínculos existentes entre os livros e o mundo, participando efetivamente da cultura, a infância mostra-se disponível para descobrir e prezar — talvez para sempre — as infinitas possibilidades da leitura.

BIBLIOGRAFIA

ABRAMOVICH, Fanny — *O estranho mundo que se mostra às crianças.* São Paulo, Summus, 1983. (Coleção Novas Buscas em Educação.)

_________, *Literatura infantil: gostosuras e bobices.* São Paulo, Scipione, 1988.

AGUIAR, Vera Teixeira de — *Que livro indicar: interesses do leitor jovem.* Porto Alegre, Mercado Aberto/INL, 1979.

ALBERTON, C.R., WAGNER, E., RUSSOMANO, M.R., WEBER, N.C.B., WORNICOV, R. — *Uma dieta para crianças: livros: orientação a pais e professores.* Porto Alegre, Redacta/Prodil, 1980.

ALBUQUERQUE, J.A. Guilhon de — *Instituição e poder.* Rio de Janeiro, Graal, 1980.

ALTHUSSER, Louis — *Ideologia e aparelhos ideológicos de Estado.* Lisboa, Presença, 1981.

ANDRADE, Mário de — "Bibliotecas populares". In: *Revista do Livro,* 2(5):7-8, 1957.

ARENDT, Hannah — *La condition de l'homme moderne.* Paris, Calmann-Lévy, 1961.

_________, *Entre o passado e o futuro.* São Paulo, Perspectiva, 1979.

ARIÈS, Philippe e DUBY, G. — *Histoire de la vie privée.* Paris, Seuil, 1985-87. 5v.

ARIÈS, Philippe — *História social da criança e da família.* Rio de Janeiro, Zahar, 1978.

ARROYO, Leonardo — *Literatura infantil brasileira;* ensaio de preliminares para a sua história e suas fontes. São Paulo, Melhoramentos, 1968.

ASTRIC, Sylvie — *Repertoire de la recherche sur le livre contemporain et la lecture.* Paris, Bibliothèque Publique d'Information Centre Georges Pompidou, 1983.

AVERBUCK, Lígia Morrone; APPEL, Myrna Bier; e SILVEIRA, Rosa Maria Hessel — *Clube de Leitura.* Brasília, MEC, SEPS; Porto Alegre, UFRGS, Faculdade de Educação, 1980. (Avanço, módulo 4)

AZEVEDO, Fernando de — *A educação e seus problemas.* 4ª ed. revista e aumentada. São Paulo, Melhoramentos, 1964. 2v. (Obras completas, 8)

BAMBERGER, Richard — *Como incentivar o gosto pela leitura.* São Paulo, Ática, 1985.

BARTHES, Roland — *Aula.* São Paulo, Cultrix, 1978.

_________, *Escritores, intelectuais, professores e outros ensaios.* Lisboa, Presença, 1975.

_________, *Mytologies.* Paris, Seuil, 1957.

_________, *Le plaisir du texte.* Paris, Seuil, 1973.

BAUDRILLARD, Jean — *Para uma crítica da economia política do signo*. São Paulo, Martins Fontes, s/d.

BENJAMIN, Walter — "Alegoria e drama barroco". In: *Documentos de cultura, documentos de barbárie: escritos escolhidos.*

_________,"O erro do ativismo", p. 142-143.

_________, "A obra de arte na época de suas técnicas de reprodução". In: BENJAMIN, W. e outros — *Textos escolhidos.* São Paulo, Abril Cultural, 1975, p. 7-34 (Os Pensadores).

_________,"Paris, capitale du XIXe. siècle". In: *L'homme, le langage et la culture: essais.* Paris, Denoël/Gonthier, 1971.

_________, *Reflexões: a criança, o brinquedo, a educação.* São Paulo, Summus, 1984.

BETTELHEIM, Bruno — *A psicanálise dos contos de fadas.* Rio de Janeiro, Paz e Terra, 1978.

BORDINI, Maria da Glória e AGUIAR, Vera Teixeira — *Literatura: a formação do leitor: alternativas metodológicas.* Porto Alegre, Mercado Aberto, 1988.

BOSI, Ecléa — *Cultura de massa, cultura popular: leituras de operárias.* Petrópolis, Vozes, 1972.

BOURDIEU, Pierre e PASSERON, Jean-Claude — *A reprodução: elementos para uma teoria do sistema de ensino.* São Paulo, Francisco Alves, 1975.

BUITONI, Dulcília Schroeder — *Quintal mágico: educação-arte na pré-escola.* São Paulo, Brasiliense, 1988.

CAGNETI, Sueli de Souza e ZOTZ, Werner — *Livro que te quero livre,* Rio de Janeiro, Nórdica, 1986.

CAIN, Julien; ESCARPIT, Robert; e MARTIN, Henri-Jean — *Le livre français.* Paris, Imprimerie Nationale, 1972.

CANEVACCI, Massimo (org.) — *Dialética da família: gênese, estrutura e dinâmica de uma instituição repressiva.* São Paulo, Brasiliense, 1981.

_________, *Dialética do indivíduo: o indivíduo na natureza, história e cultura.* São Paulo, Brasiliense, 1981.

CENTRE INTERNATIONAL D'ÉTUDES PEDAGOGIQUES — *Approches et conquête de la langue écrite: qu'este-ce que lire?* Sévres, 1969.

CENTRO PEDAGOGICO Y CULTURAL DE PORTALES — *Promoción de la lectura: una experiencia en Bolivia.* Cochabamba, 1985.

CHAUÍ, Marilena — *Cultura e democracia: o discurso competente e outras falas.* São Paulo, Moderna, 1981.

COELHO, Nelly Novaes — *O ensino da literatura.* Rio de Janeiro, José Olympio, 1973.

COMPARATO, Fábio Konder — *Educação, Estado, poder.* São Paulo, Brasiliense, 1987.

COVRE, Maria de Lourdes — *A fala dos homens: análise do pensamento tecnocrático.* São Paulo, Brasiliense, 1983.

CUNHA, Maria Antonieta Antunes — *Poesia na escola.* São Paulo, Discubra, 1976.

CURTIUS, Ernst Robert — *Literatura européia e Idade Média latina.* Rio de Janeiro, I.N.L., 1957.

DEBRUN, Michel — *A conciliação e outras estratégias.* São Paulo, Brasiliense, 1983.

ECO, Umberto — *Lector in fabula: a cooperação interpretativa nos textos narrativos.* São Paulo, Perspectiva, 1986.

ERIKSON, Erik H. — *Infância e sociedade.* Rio de Janeiro, Zahar, 1971.

ESCARPIT, Robert — *L'écrit et la communication.* Paris, PUF, 1973. ("Que sais-je?)

_________, "Les habitudes de lecture". In: BARKER, Ronald e ESCARPIT, Robert — *La faim de lire.* Paris, UNESCO/PUF, 1973, p. 113-141.

_________, *La révolution du livre.* Paris, UNESCO/PUF, 1965.

_________, *Sociologie de la littérature.* Paris, PUF, 1958. ("Que sais-je?")

FERNANDES, Florestan — *Folclore e mudança social na cidade de São Paulo.* 2ª ed. Petrópolis, Vozes, 1979.

FOSSIN, A. e LAURENT, J.P. — *Pour comprendre les lectures nouvelles: linguistique et pratiques textuelles.* Bruxelas. De boeck, Paris, Duculot, 1981.

FOUCAULT, Michel — *Nietzsche, Freud e Marx: theatrum philosoficum.* São Paulo, Princípio, 1987.

FREIRE, Madalena — *A paixão de conhecer o mundo.* 3ª ed. Rio de Janeiro, Paz e Terra, 1983.

FREIRE, Paulo — *Ação cultural para a liberdade e outros escritos.* 6ª ed. Rio de Janeiro, Paz e Terra, 1982.

_________, *A importância do ato de ler.* São Paulo, Cortez/Autores Associados, 1981.

FREUD, S. — *O futuro de uma ilusão.* São Paulo, Abril Cultural, 1978, p. 85-128. (Os Pensadores)

_________, *O mal-estar na civilização.* São Paulo, Abril Cultural, 1978, p. 129-194. (Os Pensadores)

_________, *Totem e tabu.* Rio de Janeiro, Delta, s/d.

FROMM, E. — *A linguagem esquecida: uma introdução ao entendimento dos sonhos, contos de fadas e mitos.* 4ª ed. Rio de Janeiro, Zahar, 1969.

GAUDIBERT, Pierre — *Action culturelle: intégration et ou subversion.* Paris, Casterman, 1972.

GENETTE, G. — *Figures.* Paris, Seuil, 1966.

GINZBURG, Carlo — *O queijo e os vermes: o cotidiano e as idéias de um moleiro perseguido pela Inquisição.* São Paulo, Companhia das Letras, 1987.

GOODE, Willian J. — *Revolução mundial e padrões de família.* São Paulo, Editora Nacional/EDUSP, 1969.

GRAMSCI, Antonio — *Os intelectuais e a organização da cultura.* Rio de Janeiro, Civilização Brasileira, 1968.

_________, *Literatura e vida nacional.* 2ª ed. Rio de Janeiro, Civilização Brasileira, 1978. (Perspectiva do Homem)

GRUPPI, Luciano — *O conceito de hegemonia em Gramsci.* Rio de Janeiro, Edições Graal, 1978.

GUATTARI, Felix — "As creches e a iniciação". In: *Revolução molecular: pulsações políticas do desejo.* São Paulo, Brasiliense, 1981, p. 50-55.

GUIRADO, Marlene — *Instituição e relações afetivas: o vínculo com o abandono.* São Paulo, Summus, 1986.

HABERMAS, J. — *Historia y critica de la opinión pública.* 2ª ed. Barcelona, Gustavo Gili, 1981.

HALLEWELL, L. — *O livro no Brasil: (sua história).* São Paulo, T.A. Queiroz/EDUSP, 1985.

HELD, Jacqueline — *Connaitre et choisir les livres pour enfants.* Paris, Hachette, 1985.

_________, *L'enfant, le livre et l'écrivain.* Paris, Scarabée, 1984.

_________, *O imaginário no poder: as crianças e a literatura fantástica.* São Paulo, Summus, 1980.

HOGGART, Richard — *The uses of literacy.* Londres, Chatto and Windus, 1957.

HORKHEIMER, Max e ADORNO, Theodor — "Conceito de iluminismo". In: BENJAMIN, Walter e outros — *Textos escolhidos.* São Paulo, Abril Cultural, 1975, p. 95-124. (Os Pensadores).

IANNI, Octávio — *Teorias de estratificação social: (leituras de sociologia).* 3ª ed. São Paulo, Companhia Editora Nacional, 1978.

INSTITUT D'ÉTUDES SOCIALES — *Les bibliothèques et la lecture publique.* Genève, 1979.

ISER, Wolfgang — *The act of reading.* Baltimore, The Johns Hopkins Univ. Press, 1980.

LAJOLO, Marisa — *Usos e abusos da literatura na escola: Bilac e a literatura escolar na República Velha.* Porto Alegre, Globo, 1982.

LARRICK, Nancy — *Guia dos pais na escolha de livros para crianças.* Rio de Janeiro, Centro de Bibliotecnia para o Desenvolvimento, 1969.

LAUWE, Marie-José Chombart de — "L'enfant et ses besoins culturels dans la cité contemporaine". In: LAUWE, P.H. Chombart de e outros — *Images de la culture.* Paris, Payot, 1970, p. 111-134.

LEENHARDT, Jacques e JÓZSA, Pierre — *Lire la lecture: essai de sociologie de la lecture.* Paris, Le Sycomore, 1982.

LEITE, Ligia Chiappini Moraes — *Invasão da catedral: literatura e ensino em debate.* Porto Alegre, Mercado Aberto, 1983.

LÉVI-STRAUSS; GOUCH, Kathleen e SPIRO, Melford — *A família, origem e evolução.* Porto Alegre, Editorial Villa Martha Ltda., 1980.

LIMA, Luiz Costa (org.) — *A literatura e o leitor: textos de estética da recepção.* Rio de Janeiro, Paz e Terra, 1979.

__________, *Teoria da cultura de massa.* 2ª ed. Rio de Janeiro, Paz e Terra, 1978.

LINS, Osman — *Do ideal e da glória: problemas inculturais brasileiros.* 2ª ed. São Paulo, Summus, 1977.

MACCIOCCHI, Maria-Antonieta — *A favor de Gramsci.* Rio de Janeiro, Paz e Terra, 1976.

MAREUIL, André — *Littérature et jeunesse d'aujourd'hui: la crise de la lecture dans l'enseignement contemporain.* Paris, Flammarion, 1971.

MARTINS, Maria Helena de Sousa — *Crônica de uma utopia: leitura e literatura infantil em trânsito.* Tese de doutoramento apresentada à Faculdade de Filosofia, Letras e Ciências Humanas da Universidade de São Paulo, São Paulo, 1987.

__________, *O que é leitura?* São Paulo, Brasiliense, 1982. (Primeiros Passos).

MARX e ENGELS — *Sobre literatura e arte.* São Paulo, Global, 1979.

MAY, Derwent — *Hannah Arendt: uma biografia.* Rio de Janeiro, Casa Maria Editorial: LTC — Livros Técnicos e Científicos Editora Ltda., 1988.

MELLO, José Marques de — "Obstáculos à democratização da leitura e à popularização de livro. In: *Comunicação: direito à informação.* Campinas, Papirus, 1986, p. 45-64.

MELLO, José Marques de — "A questão da leitura". In: *Para uma leitura crítica da comunicação.* São Paulo, Paulinas, 1985, p. 13-54.

MICELLI, Sérgio (org.) — *Estado e cultura no Brasil.* São Paulo, DIFEL, 1984.

MICELLI, Sérgio e GOUVEIA, Maria Alice — *Política cultural comparada.* Rio de Janeiro, FUNARTE/ Instituto de Estudos Econômicos, Sociais e Políticos de São Paulo, Financiadora de Estudos e Pesquisas — FINEP, 1985.

MOLLO, Suzanne — "Participation de l'école à la formation culturelle de l'enfant". In: LAUWE, P.H. Chombart de e outros — *Images de la culture.* Paris, Payot, 1970, p. 135-150.

MORIN, Edgard — "De la culturanalyse à la politique culturelle". In: *Communications.* Paris, (14): out. dez. 1969, 5-38.

O'DONNELL, Guillermo — "Situações — Microcenas da privatização do público em São Paulo". *Novos Estudos CEBRAP.* São Paulo, (22), out. 1988, 45-52.

PEREIRA, Luís Bresser — *Pactos políticos: do populismo à redemocratização.* São Paulo, Brasiliense, 1986.

__________, *A sociedade estatal e a tecnoburocracia.* São Paulo, Brasiliense, 1981.

PFROMM NETO, Samuel; ROSAMINHA, Nelson; e DIB, Cláudio Zaki — *O livro na educação.* Rio de Janeiro, Primor/INL-MEC, 1974.

PERROTTI, Edmir — "A criança e a produção cultural": (apontamentos sobre o lugar da criança na cultura). In: ZILBERMAN, Regina (org.) — *A produção cultural para a criança.* Porto Alegre, Mercado Aberto, 1982, p. 9-27. (Série Novas Perspectivas).

__________, "A leitura como fetiche". In: *Leitura: teoria e prática.* 5(8):3-13, dez. 1986.

__________, "A leitura confinada". In: *Cadernos CEVEC,* São Paulo, (4):32-44, 1988.

__________, *O texto sedutor na literatura infantil.* São Paulo, Ícone, 1986.

PREFEITURA DO MUNICÍPIO DE SÃO PAULO — *Atividades em salas de leitura: relato de experiências.* São Paulo, Secretaria Municipal de Cultura/Departamento de Bibliotecas Infanto-Juvenis, 1985.

PROUST, Marcel — *Sobre a leitura.* Campinas, Pontes, 1989.

RICHTER, Noë — "L'idéologie et l'évolution des institutions de lecture de masse, du XVIIIe s. à nos jours". In: *Les cahiers de l'animation* (37).

________, "Introduction à l'histoire de la lecture publique". In: *Bulletin Bibliographique de la France.* Paris, 24, (4):167-174, 1979.

________, "La lecture institutionnalisée: du conditionnement sociologique à l'action culturelle". In: *Education permanente.* Paris, (62-63):139-154, 1982.

________, *La lecture et ses institutions: prélude: 1700-1830.* Les Mans, Bibliothèque de l'Université du Maine, 1984.

ROBINE, Nicole — "La lecture". In: ESCARPIT, Robert (org.) — *Le littéraire et le social.* Paris, Flammarion, 1970, p. 221-244.

ROCHA, J.C. (org.) — *Políticas editoriais e hábitos de leitura.* São Paulo, Com-Arte, 1987.

ROCCO, Maria Thereza Fraga — *Leitura/ensino: uma problemática.* São Paulo, Ática, 1981. (Ensaios)

RODARI, Gianni — *Gramática da fantasia.* São Paulo, Summus, 1982.

SAMUEL, Rogel — *Como curtir o livro: o que é teolit?* Rio de Janeiro, Marco Zero, 1986.

SANDRONI, Laura e MACHADO, Luiz Raul (org.) — *A criança e o livro: guia prático de estímulo à leitura.* São Paulo, Ática, 1986.

SARTO, M. Montserrat — *La animación a la lectura: para hacer al niño lector.* Madri, Ediciones SM, 1984.

SECRETARIA DE EDUCAÇÃO E CULTURA DO RIO GRANDE DO SUL. *Pesquisa sobre interesses e hábitos de leitura entre alunos de 2º grau de Porto Alegre.* Porto Alegre, Secretaria de Educação e Cultura, 1975.

SENNETT, Richard — *O declínio do homem público: as tiranias da intimidade.* São Paulo, Companhia das Letras, 1988.

SILVA, Ezequiel Theodoro da — *O ato de ler: fundamentos psicológicos para uma nova pedagogia da leitura.* São Paulo, Cortez Editores Associados, 1981.

________, *Elementos de pedagogia da leitura.* São Paulo, Martins Fontes, 1988.

________, *Leitura na escola e na biblioteca.* Campinas, Papirus, 1986.

________, *Leitura & realidade brasileira.* Porto Alegre, Mercado Aberto, 1983.

SILVA, Lilian Lopes Martin da — *A escolarização do leitor: a didática da destruição da leitura.* Porto Alegre, Mercado Aberto, 1986.

SORIANO, Marc — *Guide de littérature pour la jeunesse : courants, problèmes, choix d'auteurs.* Paris, Flammarion, 1975.

STEINER, George — *Linguagem e silêncio: ensaios sobre a crise da palavra.* São Paulo, Companhia das Letras, 1988.

STIERLE, Karlheinz — "Que significa a recepção dos textos ficcionais?" In: LIMA, Luiz Costa (ed.) — *A literatura e o leitor: textos de estética da recepção.* Rio de Janeiro, Paz e Terra, 1979. P. 133-187.

TENGARRINHA, José — *A novela e o leitor português: estudo de sociologia da leitura.* Lisboa, Prelo, 1973.

UMA POLÍTICA INTEGRADA DO LIVRO PARA UM PAÍS EM DESENVOLVIMENTO: PRELIMINARES PARA A DEFINIÇÃO DE UMA POLÍTICA NACIONAL DO LIVRO — São Paulo, Câmara Brasileira do Livro, Rio de Janeiro, Sindicato Nacional de Editores de Livros, 1976. 2v.

UNESCO — *Cultural development: some regional experiences.* Paris, 1981.

VON MARTIN, Alfred — *Sociología del renacimiento.* 4ª ed. México, Fondo de Cultura Económica, 1968.

WORNICOV, R.; WAGNER, E.; RUSSOMANO, M.; WEBER, N.C.B. — *Criança, leitura, livro.* São Paulo, Nobel, 1986.

YUNES, Eliana (org.) — *A leitura e a formação do leitor: questões culturais e pedagógicas.* Rio de Janeiro, Antares, 1984.

YUNES, Eliana e PONDE, Glória — *Leitura e leituras da literatura infantil.* São Paulo, FTD, 1988. (Por onde começar?).

ZILBERMAN, Regina (org.) — *Leitura em crise na escola: as alternativas do professor.* Porto Alegre, Mercado Aberto, 1982.

_________, *A literatura infantil na escola.* São Paulo, Global, 1981.

ZILBERMAN, Regina e SILVA, Ezequiel Theodoro (org.) — *Leitura: perspectivas interdisciplinares.* São Paulo, Ática, 1988.

ZOEGA, Maria Lúcia — *Stella Carr e a literatura infantil: um enigma em suspenso.* Dissertação de mestrado apresentada à Faculdade de Filosofia, Letras e Ciências Humanas da Universidade de São Paulo, 1987. 2v.

PERIÓDICOS ESPECIALIZADOS

BOLETIM INFORMATIVO DA FUNDAÇÃO NACIONAL DO LIVRO INFANTIL E JUVENIL. Rio de Janeiro, 1, nº 1, fev. 69. Trimestral. (Foram consultados todos os 70 números, de fev. de 1969 até março de 1985, período em que a pesquisa se concentrou.)

LEITURA: TEORIA E PRÁTICA, revista semestral da Associação de Leitura do Brasil. Porto Alegre, Mercado Aberto, a partir de 1982.

NOVAS BUSCAS EM EDUCAÇÃO
VOLUMES PUBLICADOS

1. *Linguagem Total* — Francisco Gutiérrez.
2. *O Jogo Dramático Infantil* — Peter Slade.
3. *Problemas da Literatura Infantil* — Cecília Meireles.
4. *Diário de um Educastrador* — Jules Celma.
5. *Comunicação Não-Verbal* — Flora Davis.
6. *Mentiras que Parecem Verdades* — Umberto Eco e Marisa Bonazzi.
7. *O Imaginário no Poder* — Jacqueline Held.
8. *Piaget para Principiantes* — Lauro de Oliveira Lima.
9. *Quando Eu Voltar a Ser Criança* — Janusz Korczak.
10. *O Sadismo de Nossa Infância* — Org. Fanny Abramovich.
11. *Gramática da Fantasia* — Gianni Rodari.
12. *Educação Artística* — luxo ou necessidade — Louis Porches.
13. *O Estranho Mundo que se Mostra às Crianças* — Fanny Abramovich.
14. *Os Teledependentes* — M. Alfonso Erausquin, Luiz Matilla e Miguel Vásquez.
15. *Dança, Experiência de Vida* — Maria Fux.
16. *O Mito da Infância Feliz* — Org. Fanny Abramovich.
17. *Reflexões: A Criança — O Brinquedo — A Educação* — Walter Benjamim.
18. *A Construção do Homem Segundo Piaget* — Uma teoria da Educação — Lauro de Oliveira Lima.
19. *A Música e a Criança* — Walter Howard.
20. *Gestaltpedagogia* — Olaf-Axel Burow e Karlheinz Scherpp.
21. *A Deseducação Sexual* — Marcello Bernardi.
22. *Quem Educa Quem?* — Fanny Abramovich.
23. *A Afetividade do Educador* — Max Marchand.
24. *Ritos de Passagem de nossa Infância e Adolescência* — Org. Fanny Abramovich.

25. *A Redenção do Robô* — Herbert R'ad.
26. *O Professor que não Ensina* — Guido de Almeida.
27. *Educação de Adultos em Cuba* — Raúl Ferrer Pérez.
28. *O Direito da Criança ao Respeito* — Dalmo de Abreu Dallari e Janusz Korczak.
29. *O Jogo e a Criança* — Jean Chateau.
30. *Expressão Corporal na Pré-Escola* — Patricia Stokoe e Ruth Harf.
31. *Estudos de Psicopedagogia Musical* — Violeta Hemsy de Gainza.
32. *O Desenvolvimento do Raciocínio na Era da Eletrônica* — Os Efeitos da TV, Computadores e "Videogames" — Patrícia Marks Greenfield.
33. *A Educação pela Dança* — Paulina Ossona.
34. *Educação como Práxis Política* — Francisco Gutiérrez.
35. *A Violência na Escola* — Claire Colombier e outros.
36. *Linguagem do Silêncio* — Expressão Corporal — Claude Pujade-Renand.
37. *O Professor não Duvida! Duvida!* — Fanny Abramovich.
38. *Confinamento Cultural, Infância e Leitura* — Edmir Perrotti.
39. *A Filosofia Vai à Escola* — Matthew Lipman.
40 *De Corpo e Alma* — o discurso da motricidade — João Batista Freire.
41. *A Causa dos Alunos* — Marguerite Gentzbittel.
42. *Confrontos na Sala de Aula* — uma leitura institucional da relação professor-aluno — Julio Groppa Aquino.

dobre aqui

ISR 40-2146/83
UP AC CENTRAL
DR/São Paulo

CARTA RESPOSTA
NÃO É NECESSÁRIO SELAR

O selo será pago por

summus editorial

05999-999 São Paulo-SP

dobre aqui

recorte aqui

CONFINAMENTO CULTURAL

summus editorial

CADASTRO PARA MALA DIRETA

Recorte ou reproduza esta ficha de cadastro, envie completamente preenchida por correio ou fax, e receba informações atualizadas sobre nossos livros.

Nome: ______ Empresa: ______
Endereço: ☐ Res. ☐ Coml. ______ Bairro: ______
CEP: ______-______ Cidade: ______ Estado: ______ Tel.: ( ) ______
Fax: ( ) ______ E-mail: ______ Data de nascimento: ______
Profissão: ______ Professor? ☐ Sim ☐ Não Disciplina: ______

1. Você compra livros:

☐ Livrarias ☐ Feiras
☐ Telefone ☐ Correios
☐ Internet ☐ Outros. Especificar: ______

2. Onde você comprou este livro?

______

3. Você busca informações para adquirir livros:

☐ Jornais ☐ Amigos
☐ Revistas ☐ Internet
☐ Professores ☐ Outros. Especificar: ______

4. Áreas de interesse:

☐ Educação ☐ Administração, RH
☐ Psicologia ☐ Comunicação
☐ Corpo, Movimento, Saúde ☐ Literatura, Poesia, Ensaios
☐ Comportamento ☐ Viagens, *Hobby*, Lazer
☐ PNL (Programação Neurolingüística)

5. Nestas áreas, alguma sugestão para novos títulos?

______

6. Gostaria de receber o catálogo da editora? ☐ Sim ☐ Não

7. Gostaria de receber o Informativo Summus? ☐ Sim ☐ Não

cole aqui

Indique um amigo que gostaria de receber a nossa mala direta

Nome: ______ Empresa: ______
Endereço: ☐ Res. ☐ Coml. ______ Bairro: ______
CEP: ______-______ Cidade: ______ Estado: ______ Tel.: ( ) ______
Fax: ( ) ______ E-mail: ______ Data de nascimento: ______
Profissão: ______ Professor? ☐ Sim ☐ Não Disciplina: ______

summus editorial
Rua Itapicuru, 613 – 7º andar 05006-000 São Paulo - SP Brasil Tel.: (11) 3872 3322 Fax: (11) 3872 7476
Internet: http://www.summus.com.br e-mail: summus@summus.com.br